読み 韓国語

初級から中級へ

金美仙

朝日出版社

前書き

　この本は初級用の読解教材です。外国語学習で読解というのは上級領域の専有物であるような実情があります。上級の語学力がないと読解はできないという先入観が、そして現に初級用の読解教材がほぼ皆無であることが理由として挙げられます。しかし、読解はレベル問わず必要な領域であり、あるいは初級だからこそ必要な領域であるといえます。

　初級だからこそ読解教材が必要なのは、自国にいながら学習する場合はなおさらです。現地ではなく自国にいながら学習する場合、学んだ知識を実践力に結びつけるという面で弱点があります。この弱点を克服するために文章の音読が良い方法となります。その音読用の文章のレベルは、学習者の現在レベルより優しいものであることが望ましいです。なぜなら、これまで学習したものをブラッシュアップして使えるようにするためだからです。本教材はその音読用に使っていただけるようなレベルの文章で構成されています。

　また、読解というのは読書の性格をも持っているものです。つまり、外国語の読解だからといって文法訳読に終わったら読解とはいえません。意味を読み取る、理解するのみならず、関連内容について思考を広げるなどによって読書を行うわけです。本教材では、読者・学習者が興味を持ちやすいテーマとして、主に韓国の日常文化を取り上げました。読者・学習者ご自身の考えを深め、周りの人とも分かち合うことができると期待しております。

　本教材は、黙読で内容のみを楽しむのも良いですが、「気楽に！ 繰り返し！ 音読」することをお勧めします。本教材が学習者の皆様の実践力アップに貢献できれば幸いです。

著者

本書の使い方

　本書の目的は、初級で学んだ言語知識を、読解を通して実践的な結果につなげることにあります。その実践力の向上のための本書の使い方と、文章の具体的な読み方をご紹介いたします。

　本書の構成は、オープニング・ページにつづく、5つのコーナーによって成っています。

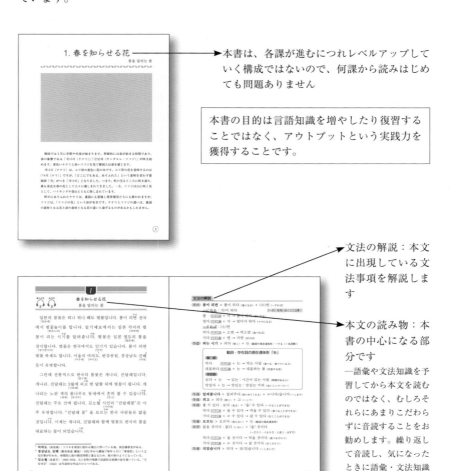

　本書は、各課が進むにつれレベルアップしていく構成ではないので、何課から読みはじめても問題ありません

　本書の目的は言語知識を増やしたり復習することではなく、アウトプットという実践力を獲得することです。

　文法の解説：本文に出現している文法事項を解説します

　本文の読み物：本書の中心になる部分です
　―語彙や文法知識を予習してから本文を読むのではなく、むしろそれらにあまりこだわらずに音読することをお勧めします。繰り返して音読し、気になったときに語彙・文法知識を参照してください。

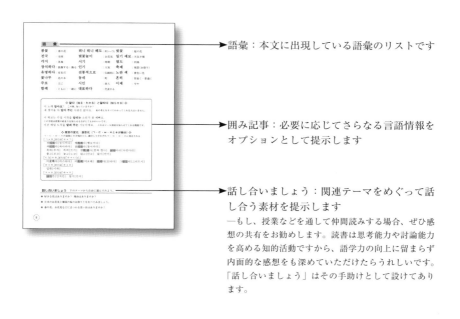

➤ 語彙：本文に出現している語彙のリストです

➤ 囲み記事：必要に応じてさらなる言語情報を
オプションとして提示します

➤ 話し合いましょう：関連テーマをめぐって話
し合う素材を提示します
――もし、授業などを通して仲間読みする場合、ぜひ感
想の共有をお勧めします。読書は思考能力や討論能力
を高める知的活動ですから、語学力の向上に留まらず
内面的な感想をも深めていただけたらうれしいです。
「話し合いましょう」はその手助けとして設けてあり
ます。

読み方のポイント

● 「繰り返して音読」することが大事です。

● 音読することが苦にならなかったら、違和感がなくなったら、表現の
塊を覚えたり、語彙を覚えたりすることをお勧めします。

● 音読を繰り返すこととともに大事なのは音読を行う態度ですが、つま
り「頑張らない」ことが非常に大事です。いわば勉強モードで読むよ
りは、休憩の手段として読んだほうが良いです。休みの時間に 10 〜
15 分音読してください。毎日少しずつ読んでいきましょう。

● 本書には音声がついていますが、ヒアリングをメインにするよりは、
音読の上達のために用いてください。

───── 音声サイト URL ─────

https://text.asahipress.com/free/korean/yomikan/index.html

目　次

1. 春を知らせる花

봄을 알리는 꽃

　韓国では３月に学期や年度が始まります。季節的には春が始まる時期であり、春の象徴である「개나리（ケナリ）」「진달래（チンダルレ・ツツジ）」が咲き始めます。黄色いケナリと赤いツツジを見て韓国人は春を感じます。

　개나리（ケナリ）は、ユリ科の黄色い花の木です。ユリ科の花を意味するのは「나리（ナリ）」ですが、「どこにでもある、ありふれた」という意味を表わす接頭辞「개」がつき「개나리」となりました。つまり、町の至るところに咲き誇り、最も身近な春の花として人々に親しまれてきました。一方、ツツジは山に咲く花として、ハイキングや登山とともに楽しまれています。

　町中にありふれたケナリは、童謡にも登場し保育園児たちにも歌われますが、ツツジは、「ツツジの花」という詩が有名です。ケナリとツツジの違いは、童謡の素材となる花と詩の素材となる花の違いと通ずるものがあるかもしれません。

1

春を知らせる花
봄을 알리는 꽃

일본의 봄꽃은 뭐니 뭐니 해도 벚꽃입니다. 봄이 되면 전국⁽¹⁻¹⁾
[일보네]

에서 벚꽃놀이를 합니다. 일기예보에서는 일본 각지의 벚
[벋꼰노리]   [각찌에]

꽃이 피는 시기를 알려줍니다.⁽¹⁻²⁾ 벚꽃은 일본 열도의 봄을⁽¹⁻³⁾
                                                    [열또에]

장식합니다. 벚꽃은 한국에서도 인기가 있습니다. 봄이 되면
[장시캄니다]   [인끼]

벚꽃 축제도 합니다. 서울의 여의도¹, 한강공원, 경상남도 진해²
                    [서우레] [여이도]   [지내]

등이 유명합니다.

그런데 전통적으로 한국의 봄꽃은 개나리, 진달래입니다.
           [한구게]

개나리, 진달래는 3월에 피고⁽¹⁻⁴⁾ 한 달쯤 뒤에 벚꽃이 핍니다. 개
                [사뭐레]

나리는 노란 색의 꽃나무로 동네에서 흔히 볼 수 있습니다.⁽¹⁻⁵⁾
        [새게] [꼰나무]   [흐니]

진달래는 주로 산에 핍니다. 김소월³ 시인의 "진달래꽃"은 아
                              [시이네]

주 유명합니다. "진달래 꽃"을 모르는 한국 사람들은 없을⁽¹⁻⁶⁾

것입니다.⁽¹⁻⁷⁾ 이제는 개나리, 진달래와 함께 벚꽃도 한국의 봄을

대표하는 꽃이 되었습니다.⁽¹⁻⁸⁾

---

[1] **여의도** (汝矣島)：ソウルを東西に流れる漢江に浮いている島。国会議事堂がある。
[2] **경상남도 진해** (慶尚南道 鎮海)：1952 年から鎮海で毎年 4 月に「軍港祭」という文
化行事が行われ、時期的に桜の開花時期と重なるため、桜の祭のようになっている。
[3] **김소월** (金素月)：1902-1934。主に女性の情調で民謡的な律調の詩を書いている。"진
달래꽃" (1922) は代表的な作品のひとつである。

文法の解説

1-1　**봄이 되면** > 봄이 되다 (春になる) ＋ (으)면 (〜すれば)

〜になる：가/이 되다　　　　　　　　 「〜が」を用いることに注意！

봄 パッチム有 ＋ 이 → 봄이 되다 (春になる)

엄마 パッチム無 ＋ 가 → 엄마가 되다 (ママになる)

〜すれば：(으)면

먹다 パッチム有 ＋ 으면 → 먹으면 (食べれば)

가다 パッチム無 ＋ 면 → 가면 (行けば)

1-2　**피는 시기** > 피다 (咲く) ＋ 는 (動詞の現在連体形：〜する (＋名詞類))

動詞・存在詞の現在連体形「는」

動　詞

먹다　　　パッチム有 ＋ 는 → 먹는 사람 (食べる・食べている人)

대표하다 パッチム無 ＋ 는 → 대표하는 꽃 (代表する花)

存在詞

있다 ＋ 는　 → 있는：시간이 있는 사람 (時間がある人)

맛있다 ＋ 는 → 맛있는：맛있는 커피 (おいしいコーヒー)

1-3　**알려줍니다** > 알려주다 (知らせてくれる) ＋ ㅂ니다/습니다 (〜します)

1-4　**피고** > 피다 (咲く) ＋ 고 (〜して)

1-5　**볼 수 있다**：보다 (見る) ＋ (을) 수 있다 (〜することができる)

먹다 パッチム有 ＋ 을 수 있다 → 먹을 수 있다 (食べることができる)

가다 パッチム無 ＋ ㄹ 수 있다 → 갈 수 있다 (行くことができる)

1-6　**모르는** > 모르다 (知らない) ＋ 는 (動詞の現在連体形)

1-7　**없을 것이다**：없다 (いない) ＋ (을) 것이다

(〜だろう・つもりだ・と思う・はずだ)

먹다 パッチム有 ＋ 을 것이다 → 먹을 것이다 (食べるだろう)

가다 パッチム無 ＋ ㄹ 것이다 → 갈 것이다 (行くだろう)

1-8　**되었습니다** > 되다 ＋ 았/었습니다 (〜しました)

語　彙

봄꽃	：春の花	뭐니 뭐니 해도 ：何といっても	벚꽃 ：桜の花
전국	：全国	벚꽃놀이 ：お花見	일기 예보 ：天気予報
각지	：各地	시기 ：時期	열도 ：列島
장식하다 ：装飾する・飾る	인기 ：人気	축제 ：祝祭（お祭り）
유명하다 ：有名だ	전통적으로 ：伝統的に	노란 색 ：黄色い色
꽃나무 ：花の木	동네 ：町	흔히 ：容易く・普通に
주로 ：主に	시인 ：詩人	이제 ：今や
함께 ：ともに・一緒に	대표하다 ：代表する	

❖ 알다（知る・わかる）と 알리다（知らせる）❖

이 노래 **알아요**?　この歌、知っていますか？

내 생각을 다 **알아 주는** 사람은 없어요.　私の考えをすべてわかってくれる人はいません。

이 학교는 수업 시작을 **알리는** 소리가 참 예뻐요.
この学校は授業の始まりを知らせる音がとてもかわいいです。

이건 메일 도착을 **알려 주는** 기능이에요.　これはメール到着を知らせてくれる機能です。

❖ 発音の変化：激音化（ㄱ・ㄷ・ㅂ・ㅈとㅎが融合）❖

ㄱ・ㄷ・ㅂ・ㅈの前後にㅎが現れたら、融合してそれぞれㅋ・ㅌ・ㅍ・ㅊに発音される

「ㄱ + ㅎ」または「ㅎ + ㄱ」
　장식하다[장시카다]　행복하다[행보카다]
　파악하다[파아카다]　참석하다[참서카다]
　축하[추카]　특히[트키]　깜짝 행사[깜짜 캥사]　닭 한 마리[다칸마리]
　좋고[조코]　놓고[노코]　않고[안코]　많기[만키]
「ㄷ(t) + ㅎ」または「ㅎ + ㄷ(t)」
　비슷하다[비스타다]　비롯해[비로태]　못하다[모타다]　그렇듯이[그러트시]
「ㅂ + ㅎ」または「ㅎ + ㅂ」
　입학[이팍]
「ㅈ + ㅎ」または「ㅎ + ㅈ」
　않지만[안치만]　많지[만치]

話し合いましょう　下のテーマから自由に選んでみよう。

● 好きな花はありますか？ 理由はありますか？

● 日本のお花見と韓国の桜のお祭りとを比べてみましょう。

● 春や花、お花見などにまつわる思い出はありますか？

2. 五月病と月曜病

오월병과 월요병

　「五月病」と言われているように、なぜゴールデンウィークを挟んで人々の心持はそれほど変わるのでしょうか。

　韓国では毎週月曜日に同じような気持ちの沈みや無気力感が現れるといいます。その原因として、仕事や学校が始まるという心理的なものだけではなく、生活リズムの乱れを指摘する声もあります。そんなとき最も大事なのは起床時間といわれています。休み中も早起きをすれば、連休明けや週明けの体のだるさはかなり改善されるということです。そして、眠気覚ましのためには明かりが助けになるようです。音楽による聴覚の刺激以上に、カーテンを開けたり、明かりをつけて部屋を明るくすることが良い方法だということです。ただ、現実はそう簡単ではないですね。

五月病と月曜病
오월병과 월요병

일본에서는 5월에 골든위크가 끝나고 나면 '오월병'이라고
　　　　　　[오워레]　　　　　　　[끈나고]　　　　　　　[오월뼝]
하는 증후군이 나타납니다. 왠지 몸도 무겁고, 피곤하며, 의욕
　　　　　　　　　　　　　　　　　　　　　　　[피고나며]
이 안 생깁니다. 대학생들도 골든위크 전하고 후가 아주 다릅
　　　　　　　　　　　　　　　　　　　　[저나고]
니다. 뭔가를 새로 시작한다는 신선함이 이미 사라지고 없습
　　　　　　　　[시자칸다는]　　[신서나미]
니다.

　한국은 어떨까요? 오월병이 있을까요? 학기가 3월에 시작
　　　　　[사뭐레]
되는 한국에서는 2(이)개월이나 지난 5월에 새삼스럽게 오월
병은 안 생깁니다. 그러나 '월요병'이라고 하는 증후군이 있습
　　　　　　　　　　　　[워료뼝]
니다. 일본의 오월병처럼 몸도 무겁고 피곤하며 의욕도 없습
니다. 월요병은 일요일 저녁부터 시작됩니다. 금요일 오후부
터는 기분이 좋고 행복합니다. 일과 공부에서 해방되기 때문
　　　　　　　　[행보캄니다]
입니다. 토요일까지는 그 기분이 계속됩니다만, 일요일 저녁
이 되면 마음이 무겁고 좀 우울해집니다.
　　　　　　　　　　　　　[우우래짐니다]
　일 년에 한 번 찾아오는 오월병, 매주 찾아오는 월요병, 어
　[일려네]
느 쪽이 더 견디기 좋을까요?

文法の解説

2-1 **끝나고 나면** ＞ 끝나다 (終わる) ＋ 고 나면 (〜してからは)

2-2 **이라고 하는** ＞ (이)라고 하다 (〜という) ＋ 는 (〜という＋(名詞類))

문학 パッチム有 ： 문학이라고 하는 예술 (文学という芸術)

엄마 パッチム無 ： 엄마라고 하는 존재 (母という存在)

2-3 **피곤하며** ＞ 피곤하다 ＋ (으)며 (〜してさらに)

2-4 **시작한다는** ＞ 시작하다 (始める) ＋ (는)다는 (〜するという＋(名詞類))

먹다 パッチム有 ＋ 는다는 → 먹는다는 것 (食べるということ)

맛있는 음식을 먹는다는 것은 행복한 일입니다.

おいしい料理を食べるということは幸せなことです。

가다 パッチム無 ＋ ㄴ다는 → 간다는 사실 (行くという事実)

그는 해마다 세금으로 사적 여행을 간다는 사실이 드러났다.

彼は毎年税金で私的な旅行を行くという事実が明るみに出た。

2-5 **어떨까요?** ＞ 어떻다 (どうだ) ＋ (을)까요? (〜でしょうか・しましょうか?)

パッチムㅎの脱落

있다 パッチム有 ＋ 을까요 → 있을까요? (あるでしょうか?)

가다 パッチム無 ＋ ㄹ까요 → 갈까요? (行きましょうか・行くでしょうか?)

2-6 **시작되는** ＞ 시작되다 (始まる) ＋ 는   動詞の現在連体形 **1-2** を参照

2-7 **2 개월이나** ： 2か月も   数量を表わす語 ＋ (이)나 : 〜も (多いというニュアンス)

열 명 パッチム有 ＋ 이나 → 열 명이나 (10人も)

이번 일은 두 명으로 충분한데 열 명이나 왔어요.

今回の仕事は2人で充分なのに10人も来ました。

네 개 パッチム無 ＋ 나 → 네 개나 (4個も)

오늘은 수업이 네 개나 있어서 바빠요.

今日は授業が4つもあって忙しいです。

2-8 **지난** ＞ 지나다 (過ぎる) ＋ (은)(動詞の過去連体形 : 〜した (＋名詞類))

動詞の過去連体形

먹다 パッチム有 ＋ 은 → 먹은 사람 (食べた人)

보다 パッチム無 ＋ ㄴ → 본 영화 (見た映画)

2-9 해방되기 때문이다 : 해방되다 (解放される) + 기 때문이다

(〜するからである)

2-10 저녁이 되면 > 가/이 되다 + (으)면 **1-1** を参照

2-11 우울해지다 (憂鬱になる) : 우울하다 (憂鬱だ) + 아/어지다 (〜になる)

〜に・くなる : ㅏと ㅗ 語幹 + 아지다 / それ以外の語幹 + 어지다

좋다 [ㅗ語幹] + 아지다 → 좋아지다 (良くなる)

멀다 [ㅓ語幹] + 어지다 → 멀어지다 (遠くなる)

2-12 찾아오는 > 찾아오다 (訪れてくる) + 는 動詞の現在連体形 **1-2** を参照

2-13 견디기 좋을까요? > 견디다 (耐える) + 기 좋다 (〜しやすい)

→ 견디기 좋다 (耐えやすい) + (을)까요? (〜しましょうか・でしょうか?)

2-5 を参照

語　彙

증후군	：症候群	나타나다	：現れる	왠지	：なぜか
몸이 무겁다	：体が重い	의욕이 안 생기다		다르다	：異なる・違う
		：意欲が生じない (やる気も起こらない)			
뭔가	：何か	새로	：新たに・新しく	신선함	：新鮮さ
이미	：すでに	사라지다	：失せる	학기	：学期
새삼스럽게	：いまさら	그러나	：しかし	행복하다	：幸福だ (幸せだ)
계속되다	：続く				

話し合いましょう　下のテーマから自由に選んでみよう。

● 五月病になりやすいほうですか？　あまり影響されないほうですか？

● 五月病と月曜病のうち、かかるとしたらどちらがましと考えますか？　それはなぜですか？

● 五月病や月曜病の対処法、または克服法などを調べて話してみましょう。
　(経験談、紹介、お勧め、医学的な対処法など)

3. 五月の記念日

오월의 기념일

　韓国では5月に「こどもの日」、「両親の日」、そして「師匠の日」という記念日があります。「両親の日」は元々「母の日」でしたが、「父の日」がないことから、1974年に「両親の日」と改められました。日本では、5月第2日曜日が母の日、6月第3日曜日が父の日となりますが、韓国では5月8日と固定です。

　こどもの日は、1923年に児童文化活動家である방정환（方定換：パン・チョンファン）が始めた運動に由来します。こどもの人権を高めるべく、子供たちの文化、芸術活動を奨励しました。어린이（オリニ：こども）という言葉は方定換によって作られました。戦後5月5日がこどもの日と制定され、1957年にはこども憲章が宣布されました。こどもの日になると、青瓦台（大統領官邸）をはじめ全国各団体でさまざまな行事が行われ、遊園地などの各種施設の利用が無料になることもあります。

五月の記念日
오월의 기념일

ゆっくり 6　ふつう 7

　5월에는 기념일이 많습니다. 5월 5일은 '어린이날' 이고, 5
[오위레]

월 8(팔)일은 '어버이날', 그리고 '스승의 날' 이 있어서 5월
　　　　　　　　　　　　　　　[스승에 날] (3-1)

15일입니다.¹
[시보이림니다]

　어린이날에는 아이들에게 선물도 주고 축하해 줍니다. 일
　　　　　　　　　　　　　　　　　　　[추카해] (3-2)

본의 어린이날과 비슷합니다. 어버이날에는 부모님께 카네이
　　　　　　　[비스탐니다]　　　　　　　　　　 (3-3)

션과 선물을 드리며 감사의 마음을 전합니다. 일본의 어머니
　　　　　　 (3-4)　[감사에]　　　 [저남니다]　　 [일보네]

날과 아버지날이 한국의 어버이날과 비슷합니다.

　그런데 스승의 날은 한국 고유의 기념일입니다. 한국에는
　　　　　　　　　　　　　　[고유에]

전통적으로 '스승은 부모와 동격'이라는 사상이 있습니다. 그
　　　　　　　　　　　　[동격]

래서 선생님께도 감사의 마음을 담아 카네이션을 드리고, 중
　　　　　　　　　　　　　　　 (3-5)

고등학교에서는 학생들이 깜짝 행사를 하기도 합니다. 이 세
　　　　　　　　　　　　　[깜짜캥사] (3-6)

기념일에는 각각의 노래도² 있습니다.
　　　　[각까게]

---

¹ 1963 年 9 月 21 日の「恩師の日」が 1965 年 5 月 15 日の「師匠の日」として改められた。
² 例えば、子供の日：「어린이날 노래」(こどもの日の歌)、両親の日：「어버이 은혜」(両
　親の恩恵)、先生の日：「스승의 은혜」(先生の恩恵) などがある。

文法の解説

3-1 있어서 > 있다 (ある) + 아/어서 (～して)

있다 Ⅰ語幹 + 어서

> ### 아/어の選び方
>
> 다の直前の母音が ㅏ か ㅗ のとき：아を選ぶ
>
>   받다 (もらう) + 아 → 받아   좋다 (良い) + 아 → 좋아
>
> 다の直前の母音が ㅏ と ㅗ 以外のとき：어を選ぶ
>
>   먹다 (食べる) + 어 → 먹어   불다 (吹く) + 어 → 불어

인스턴트 라면은 종류도 많아서 50가지가 넘어요.

インスタントラーメンは種類も多く、50種類を超えます。

시의 인구가 점점 줄어서 해마다 5%씩 줄고 있어요.

市の人口は段々減って、毎年5%ずつ減っています。

3-2 축하해 주다 : 축하하다 (祝賀する・祝う) + 아/어 주다 (～してあげる)

3-3 부모님께 : 両親に   께 : 에게, 한테 ((人) に) の尊敬形

> ### 助詞「～に」
>
> (1) 에 ((場所・時間) に) : 한 시에 (一時に)、집에 (家に)
>
> (2) 에게, 한테 ((人) に) : 친구에게, 한테 (友達に)、선생님께 (先生に)

3-4 드리며 > 드리다 (さしあげる) + (으)며 (～してさらに)

3-5 담아 > 담다 (込める・入れる・盛る) + 아/어(서) (～して)

3-6 하기도 합니다 > 하다 (する) + 기도 합니다 (～したりもします)

쉬는 날엔 책 읽으러 카페에 가기도 해요.

休みの日には本を読みにカフェに行ったりもします。

반찬은 주로 사서 먹는데 주말엔 만들기도 해요.

おかずは主に買って食べるのですが、週末には作ったりもします。

의の発音３通り

(1) ［의］と発音される場合：의から始まる語

　　의사 (医者) 의자 (いす) 의미 (意味)

(2) ［에］と発音される場合：助詞「の」として現れた場合

　　친구의 친구 (友達の友達) ［친구에 친구］

(3) ［이］と発音される場合：(1)と(2)以外のすべての場合

　　거의 (ほとんど) ［거이］ 편의점 (コンビニ) ［펴니점］

語　彙

어린이날	：こどもの日	어버이날	：両親の日
선물	：プレゼント	비슷하다	：似ている
전하다	：伝える	그런데	：ところが
전통적으로	：伝統的に	동격	：同格
그래서	：それで	중고등학교	：中高等学校 (中学・高校)
각각의	：各々の		

스승	：師匠（先生）
마음	：心
고유의	：固有の
사상	：思想
깜짝 행사	：サプライズイベント

❖ 비슷하다：〜が似ている、〜と似ている ❖

엄마하고 저는 성격이 비슷해요.　母と私は性格が似ています。
제 성격은 엄마하고 비슷해요.　　私の性格は母と似ています。

話し合いましょう　下のテーマから自由に選んでみよう。

● 日本でも母の日と父の日を合わせたほうが良いと思いますか？

● 世界にある記念日についても調べてみましょう。

● 日本にも先生の日があったら何をすると思いますか？

4. 出前文化

　スマホのデリバリーアプリに배민（ペミン）というのがありますが、これは「배달의 민족（ペダレミンゾク：配達の民族）」の略語です。どうしてわざわざ「民族」という名前がついているのでしょうか。実は、ハングルの배달には2つの意味があります。ひとつは「配達」という意味ですが、もうひとつは「明るい山」という意味で、これは固有語です。漢字の音を借りて「倍達」と表記することもあります。

　この배달（明るい山）とは、古代から韓民族のことを指しています。つまり、「배달의 민족」とは韓民族の別名です。「明るい山」を意味する배달と「配達」という漢字語の読み方が同じであることと、出前好きの韓国人のこともあって、出前アプリに「배달의 민족」というのは納得できる名前だと言えます。

出前文化
배달 문화

한국 사람들은 시켜 먹는⁽⁴⁻¹⁾ 것을 좋아합니다. 배달 문화가
[멍는]
발달되었습니다. 옛날부터 많은 식당들이 배달 서비스를 해
[발딸]　　　　　[옌날]　　　[마는]
왔습니다.

대표적인⁽⁴⁻³⁾ 배달 음식은 짜장면이나 짬뽕이었습니다.⁽⁴⁻⁴⁾ 영화나
드라마에서도 짜장면을 시켜 먹는 장면이 자주 나옵니다. 요
즘에는 치킨이나 피자를 비롯해⁽⁴⁻⁵⁾ 김밥, 라면, 심지어는 아이스
[비로태]
크림까지 시켜 먹는 경우도 있습니다.

시켜 먹는 장소도 다양합니다. 집이나 직장뿐 아니라 공원⁽⁴⁻⁶⁾
[직짱]
에서도, 한강 공원처럼^{1 (4-7)} 넓은⁽⁴⁻⁸⁾ 곳에서도 시켜 먹습니다. 서울
시는 한강 공원에서 시켜 먹는 것을 처음에는 금지했습니다
만, 효과가 거의 없었습니다. 지금은 배달존이 마련되어 있습
[거이]
니다. 스마트폰으로 주문한⁽⁴⁻⁹⁾ 음식을 배달존에서 받아갑니다.⁽⁴⁻¹⁰⁾⁽⁴⁻¹¹⁾
[주무난]

배달 앱도 다양합니다. 음식을 시켜 먹을 때에 주로 스마트폰의
[앱또]　　　　　　　　　　　　　　　　　　　　　　　[스마트포네]
앱을 사용합니다. 그리고 배달원은 옛날과는 달리⁽⁴⁻¹²⁾ 그 식당의
[옌날]
직원이 아닙니다. 배달을 직업으로 하는 사람입니다.

---

¹ **한강공원** (漢江公園)：ソウルを東西に流れる漢江の広域の河川敷が公園化されてい
る。

文法の解説

4-1 시켜 먹는 > 시켜 먹다 (出前を取って食べる) + 는

動詞の現在連体形 **1-2** を参照

4-2 를/을 좋아하다 : ～を好む/好きだ

助詞「～を」を使用

4-3 대표적인 > 대표 + 적인 (～的な)

법 (法) : 법적인 (法的な), 법적인 절차 (法的な手続き)

4-4 짜장면이나 > 짜장면 + (이)나 (AとかB・AやB・AかB)

김밥 パッチム有 → 김밥이나 라면 (海苔巻きとか・や・かラーメン)

커피 パッチム無 → 커피나 홍차 (コーヒーとか・や・か紅茶)

4-5 를/을 비롯해 : ～をはじめ

4-6 뿐(만) 아니라 : ～のみならず・だけではなく

4-7 처럼 : ～のように

4-8 넓은 > 넓다 (広い) + (은)   形容詞の現在連体形 : ～い・な (＋名詞類)

形容詞の現在連体形

작다   パッチム有 + 은 → 작은 꿈 (小さい夢)

친하다 パッチム無 + ㄴ → 친한 친구 (親しい友達)

4-9 마련되어 있다 : 마련되다 (用意される) + 아/어 있다

아/어の選び方は **3-1** を参照

4-10 스마트폰으로 > 스마트폰 + (으)로 ((手段) で)

손   パッチム有 + 으로 → 손으로 만들다 (手で作る)

버스 パッチム無 + 로 → 버스로 가다 (バスで行く)

4-11 주문한 > 주문하다 (注文する) + (은)   動詞の過去連体形 **2-8** を参照

4-12 옛날과는 달리 : 昔とは違って

일본 パッチム有 + 과는 달리 → 일본과는 달리 (日本とは違って)

과거 パッチム無 + 와는 달리 → 과거와는 달리 (過去とは違って)

語　　彙

문화	：文化	발달되다	：発達される	옛날	：昔
음식	：飲食 (料理・食べ物)	장면	：場面	자주	：度々・しばしば
나오다	：出てくる	요즘	：最近	심지어는	：果ては
경우	：場合	장소	：場所	다양하다	：多様だ
직장	：職場	처음	：最初	금지하다	：禁止する
효과	：効果	받아가다	：受け取って行く	앱	：アプリ
사용하다	：使用する	배달원	：配達員	직원	：職員
직업	：職業				

❖ 처럼, 같이, 같다 ❖

처럼 : ～のように (助詞)
　리에 씨는 가수처럼 노래를 잘해요.　理恵さんは歌手のように歌が上手です。

같이 : ～のように (助詞)
　리에 씨는 가수같이 노래를 잘해요.　理恵さんは歌手のように歌が上手です。

같이 : 一緒に (副詞)
　점심 같이 먹어요.　お昼一緒に食べましょう。

같다 : ～のようだ (形容詞)
　리에 씨는 가수 같아요.　理恵さんは歌手のようです・歌手みたいです。
　리에씨는 가수 같아요. 가수처럼 노래를 잘해요.
　理恵さんは歌手のようです。歌手のように歌が上手です。

같다 : 同じだ (形容詞)
　회의 시간은 어제하고 같아요.　会議の時間は昨日と同じです。

話し合いましょう　下のテーマから自由に選んでみよう。

● 出前をよくとるほうですか？　どんなときに出前を取りたくなりますか？

● 出前を取るとしたら、どんな料理がいいと思いますか？　それはなぜですか？

● 韓国のインターネットサービスの中で、日本でも取り入れたいものはありますか？　調べ、話し合ってみましょう。

5. 七五三、韓国では？

시치고산, 한국에서는？

　日本では七五三という、子供の成長を祝う行事がありますが、韓国でも類似したものがあります。生まれて100日目を祝う백일（ペギル：百日）と1年目を祝う돌（トル）とがあります。新生児の死亡率の高かった昔は、100日目に赤ちゃんの無病息災を願い、1年目には人生の歩みはじめを祝ったと言われます。

　ペギルの日は、朝食に白いご飯とわかめスープのお膳で삼신（サムシン：三神（赤ちゃんを授ける3つの神））に祈り、産母が料理を食べます。そして各種のお餅を作り町ぐるみで祝います。赤ちゃんはそれまで白い服を着ていましたが、その日から初めて色のついた服を着ます。わかめスープは、産母は一定期間ずっと食べますが、鉄分補給という理にかなった習慣と言われています。最近は、ペギルよりトルのほうを大々的に祝います。比較的記念日好きな韓国人は、100日目、1年目を記念したりしますが、ペギルとトルに由来するものなのでしょうか。

5

ゆっくり 10　ふつう 11

七五三、韓国では？

시치고산 , 한국에서는 ?

　일본에서는 시치고산이라고 해서⁽⁵⁻¹⁾ 세 살, 다섯 살, 일곱 살

때 아이들의 성장을 축하해 줍니다.⁽⁵⁻²⁾ 한국에도 비슷한⁽⁵⁻³⁾ 관습이 있
　　[아이드레]　　　　　　[추카해]　　　　　　　　　　　[비스탄]

습니다. 태어난 지⁽⁵⁻⁴⁾ 100(백)일째와 1년째 되는 날을 기념하여⁽⁵⁻⁵⁾
　　　　　　　　　　　　　　　[일련]　　　　　　　　　　[기녀마여]

축하해 줍니다.

　100(백)일째 되는 날을 '백일' 이라 하고 1년째 되는 날을
　　　　　　　　　　　　　　　　　　　　[일련]

'돌' 이라고 합니다. 백일에도 돌에도 음식은 백설기, 수수경

단, 인절미¹ 등의 떡을 먹습니다만, 특히 돌에는 '돌잡이' 라
　　　　[등에]　　　　　　　　　　　　　　[트키]

는 것을 합니다. 돌상에 붓, 활, 돈, 실 등을 올려 놓고⁽⁵⁻⁶⁾ 아이가
　　　　　　[돌쌍]　　　　　　　　　　　　　　　[노코]

잡게 하여⁽⁵⁻⁷⁾ 미래를 점치는⁽⁵⁻⁸⁾ 풍습입니다. 붓은 학자, 활은 무장,
[잡께]

돈은 부자, 실은 장수를 의미합니다.

　현대에는 돌잔치를 집에서 하지 않고⁽⁵⁻⁹⁾ 호텔 같은 데서⁽⁵⁻¹⁰⁾ 하기
　　　　　　　　　　　　　　　[안코]　　　　　　[가튼]

도 하고 돌상도 주문할 수 있습니다.⁽⁵⁻¹¹⁾ 아이는 물론 부모들도
　　　[돌쌍]　　[주무날]

전통 의상을 입고 파티를 합니다.

---

¹ **백설기** : 米で作った白い蒸し餅。
　수수경단 : キビ団子。
　인절미 : もち米で作ったお餅。表面にきなこをまぶす。

文法の解説

5-1 이라고 해서 > (이)라고 하다 (~という) + 아/어서 (~して)

2-2 を参照

하다 (する) + 아/어

해 (~して)：話し言葉的　　하여 (~して)：書き言葉的

5-2 축하해 주다 : 축하하다 (祝う) + 아/어 주다 (~してあげる)

5-3 비슷한 > 비슷하다 (似ている) + (은)　形容詞の現在連体形 **4-8** を参照

5-4 태어난 지 > 태어난 (生まれた~) + 지 (~してから (+時間))

動詞の過去連体形 **2-8** を参照

5-5 기념하여 > 기념하다 (記念する) + 아/어 (~して)

하다 + 아/어の選び方は **5-1** を参照

5-6 올려 놓고 > 올리다 (乗せる) + 아/어 놓다 (~しておく)

→ 올려 놓다 + 고 (~して)

5-7 잡게 하여 > 잡다 (取る) + 게 하다 (~させる)

→ 잡게 하다 + 아/어 (~して)

5-8 점치는 > 점치다 (占う) + 는　動詞の現在連体形 **1-2** を参照

5-9 하지 않고 > 하다 (する) + 지 않다 → 하지 않다 + 고 (~して)

아이가 숙제는 하지 않고 놀기만 해요.

子供が宿題はしないで遊んでばかりです。

이번 연휴엔 여행가지 않고 집에서 편히 쉬고 싶어요.

今度の連休には旅行に行かずに家でゆっくり休みたいです。

5-10 호텔 같은 데서 > 호텔 같다 (ホテルのようだ) + (은)

→ 호텔 같은 + 데 (ところ) + (에)서 (~で)

形容詞の現在連体形 **4-8** を参照

場所名詞 + 에서 : 에が省略されがち！

여기(에)서 : ここで　　어디(에)서 : どこで

집에서 : 家で　　회사에서 : 会社で

5-11 주문할 수 있다 : 주문하다 (注文する) + (을) 수 있다 (~することができる)

1-5 を参照

語　彙

성장	：成長	아이	：子ども	관습	：慣習
날	：日	음식	：飲食（料理・食べ物）	등	：など
떡	：お餅	특히	：特に	돌상	：トルご膳
붓	：筆	활	：弓	돈	：お金
실	：糸	미래	：未来	풍습	：風習
학자	：学者	무장	：武将	부자	：お金持ち
장수	：長寿	의미하다	：意味する	현대	：現代
돌잔치	：トルの宴会	물론	：もちろん	부모들	：父母たち
전통 의상	：伝統衣装	입다	：着る		

❖ 回数とその順番の表現 ❖

1回、2回、3回…：한 번, 두 번, 세 번,…
　한국에는 두 번 갔다왔어요.　韓国には2回行ってきました。

1回目、2回目、3回目…：첫 번째, 두 번째, 세 번째,…
　첫번째 앨범이 제일 많이 팔렸어요.　初回のアルバムが最もたくさん売れました。

❖「動詞の過去連体形 ＋ 지」と「すべての連体形 ＋ 지」❖

動詞の過去連体形 ＋ 지：「～して ＋ 時間表現」
　아기가 태어난 지 2년 됐어요.　子供が生まれて2年になりました。
　점심 먹은 지 한 시간밖에 안 됐어요.　お昼を食べて1時間しか経っていません。
すべての連体形 ＋ 지：～するのか（どうか）, ～したのか（どうか）…
　민기도 같이 가는지 안 가는지 모르겠어요.
　ミンギも一緒に行くのか行かないのかわかりません。
　민기가 언제 갔는지 모르겠어요.　ミンギがいつ帰ったのかわかりません。
　민기는 많이 바쁜지 연락이 잘 안 돼요.
　ミンギはかなり忙しいのか連絡があまり取れません。

話し合いましょう　下のテーマから自由に選んでみよう。

● 日韓の数字にちなんだ記念日を知っていますか？

● 韓国のお餅のおやつにはどのようなものがあるか調べ、話してみましょう。

● カレンダーにない記念日を新たに作るとしたら何の日が作れそうですか？

● 記念日ではありませんが、韓国では引っ越し祝いもします。どのような習慣なのか調べ、話してみましょう。また、日本やほかの国の場合も調べてみましょう。

6. 食事のマナー

　日本では、食事の前に「いただきます」を、食後には「ごちそうさまでした」を必ず言います。特に「いただきます」は、お箸を持ったまま手を合わせたような形で言うこともあります。ちょっとしたお祈りのようにも見えます。

　韓国ではどうでしょうか。もちろん「いただきます」と「ごちそうさまでした」とに対応することばでそれぞれ「잘 먹겠습니다：チャルモッケスムニダ」と「잘 먹었습니다：チャルモゴッスムニダ」がありますが、日本のように必ず言うという習慣はありません。その代わり、日本ではあまり見られない習慣があります。まず、目上の人との食事の場合は、目上の人が食べはじめたらそれを合図に皆食べはじめます。また、昔から大きいお皿の料理を皆で食べる文化があります。そのため、食堂で出る料理も2人前からのものが多いかも知れません。ちなみに、かき氷も1つ頼んで2人で食べるのが普通です。

6

食事のマナー
식사 예절

식사 예절은 아주 일상적인 생활 문화인 만큼 알아 두면 좋

_[무놔]

습니다. 한국 음식에 국물 종류가 많은 점과, 윗사람에 대한

_[궁물] _[종뉴] _[마는]

예절 문화가 식사 예절에도 잘 나타난다고 할 수 있습니다.

일반적으로 한국의 식탁에는 밥그릇의 오른쪽 옆에 국그릇이

_[밥끄르세] _[국끄르시]

놓입니다. 국의 종류는 된장국, 미역국¹, 무국 등, 다양합니다

_[된장꾹] _[미역꾹] _[무꾹]

만, 국그릇은 밥그릇보다 큽니다. 그릇은 손에 들지 않고 식탁

_[안코]

에 놓은 채 숟가락으로 먹습니다.

_[노은]

윗사람과 같이 식사할 때에는 윗사람이 숟가락을 들 때까

_[숟까라글]

지 기다립니다. 만약에 술을 마시게 되면 특히 주의해야 합

_[트키] _[주이해야]

니다. 술을 따를 때에도 받을 때에도 두 손으로 주고 받습니

다. 그리고 술을 마실 때에 윗사람이 앞에 앉아 있으면 얼굴

_[안자]

을 옆으로 돌려서 마십니다. 술은 첨잔을 하지 않고 잔을 다

비운 다음에 새로 따릅니다.

---

¹ **미역국**：わかめスープ。わかめをごま油に炒めてから水を入れて作る。牛肉を入れる
場合が多い。

文法の解説

6-1 **일상적인** > 일상 (日常) + 적인 (~的な)

6-2 **문화인 만큼** > 문화 (文化) + 인 만큼 (~であるだけに)

부모 (父母・親) + 인 만큼

부모인 만큼 아이들이 늘 걱정이 됩니다.

父母 (親) であるだけに子供たちがいつも心配になります。

6-3 **알아 두면** > 알아 두다 (知っておく) + (으)면 (~すれば)　1-1 を参照

6-4 **많은** > 많다 (多い) + (은)　形容詞の現在連体形 4-8 を参照

6-5 **나타난다고 할 수 있습니다** : 表れるといえます

~するという : (는)다고 하다

먹다 バッチム有 + 는다고 하다 → 먹는다고 하다 (食べるという)

가다 バッチム無 + ㄴ다고 하다 → 간다고 하다 (行くという)

~いうことができる : 하다 + (을) 수 있다　1-5 を参照

6-6 **들지 않고** : 持たずに・持たないで

들다 (持つ) + 지 않다 (~しない)

→ 들지 않다 (持たない) + 고 (~して)

6-7 **놓은 채** > 놓다 (置く) + (은) 채 (~したまま)　動詞の過去連体形 2-8 を参照

6-8 **식사할 때** > 식사하다 (食事する) + (을) 때 (~するとき)　未来連体形

먹다 バッチム有 + 을 때 → 먹을 때 (食べるとき)

가다 バッチム無 + ㄹ 때 → 갈 때 (行くとき)

6-9 **들 때** > 들다 (持つ) + (을) 때 (~するとき) > 들 때　バッチムㄹの脱落

6-10 **마시게 되면** > 마시다 (飲む) + 게 되다 (~ようになる)

→ 마시게 되다 + (으)면 (~れば・なったら)

그 사람 만나게 되면 인사 전해 주세요.

あの人に会うようになったらよろしくお伝えください。

이번에 오스카 상을 받게 되면 아시아 최초의 케이스입니다.

今度オスカー賞を取るようになったら、アジア最初のケースになります。

6-11 **주의해야 하다** : 주의하다 (注意する) + 아/어야 하다 (~しなければならない)

보다 ㅗ語幹 + 아야 하다 → 봐야 하다 (見なければならない)

먹다 ㅓ語幹 + 어야 하다 → 먹어야 하다 (食べなければならない)

6-12 **앉아 있으면** > 앉다 (座る) + 아/어 있다 (~している：状態)
　　　　→ 앉아 있다 + (으)면 (~すれば)

6-13 **돌려서** > 돌리다 (回す・向ける) + 아/어서 (~して)

6-14 **비운** > 비우다 (空ける) + (은)　　　動詞の過去連体形 **2-8** を参照

語　彙

예절	：礼節（マナー）	생활	：生活	국물	：汁物
종류	：種類	윗사람	：目上の人	에 대한	：~に対する
식탁	：食卓	밥그릇	：ご飯茶碗	오른쪽	：右側
옆	：隣・横	국그릇	：スープ茶碗	놓이다	：置かれる
된장국	：味噌汁	미역국	：わかめスープ	무국	：大根スープ
다양하다	：多様だ	크다	：大きい	손	：手
숟가락	：スプーン	만약에	：もし	특히	：特に
따르다	：注ぐ	앞	：前	얼굴	：顔
첨잔	：添盃・注ぎ足し	잔	：盃	다	：全部・すべて
새로	：新しく・新たに				

話し合いましょう　下のテーマから自由に選んでみよう。

● 日本独特のテーブルマナーは何だと思いますか？

● 世界各国のテーブルマナーについて調べて話しましょう。

● 他にも韓国のテーブルマナー、礼儀作法で知っていることはありますか？

7. 汁物の多い食文化

국물 요리가 많은 음식 문화

　韓国料理には汁物の料理が豊富ですが、日本のお味噌汁のようにご飯に添えられるスープ類のほかに、「～タン（湯）」「～ジャン」と呼ばれる単品料理がたくさんあります。参鶏湯（サムゲタン）も汁物の単品料理です。器は普通、土鍋や鍋ではなく「뚝배기：トゥッペギ」という土で作られたものが使われます。

　これらの汁物料理はやや独特な食べ方をします。例えば参鶏湯の場合は、最初はお肉を食べますが、だんだん具が少なくなると、ご飯を入れて食べます。また、「육개장：ユッケジャン」のように大きい具がない場合は、最初からご飯を入れて食べることもあります。なんと「국밥：クッパ」といって、汁にご飯を入れて食べることを意味する料理まであります。つまり、スープにご飯を入れて食べる習慣があるのです。この延長線でしょうか、ラーメンの最後にご飯を入れて食べることもあります。そして普段の食事でも、特に食欲がないと思ったら、日本のお茶漬けに近いですが、水にご飯を入れて食べる習慣もあります。

7

汁物の多い食文化
국물 요리가 많은 음식 문화

한국 음식은, 국물 종류가 많아서 그런지, 숟가락이 반드시 [궁물] [종뉴] ⁽⁷⁻¹⁾

필요합니다. 국이나 찌개 외에 탕 종류도 많습니다.

탕 요리로는 일본에서도 유명한 삼계탕을 비롯해 곰탕, 설⁽⁷⁻²⁾⁽⁷⁻³⁾ [비로태]

렁탕¹ 등이 있으며, '탕'이 붙지는 않지만 육개장, 해장국² 등⁽⁷⁻⁴⁾ [안치만] [해장꾹]

도 같은 카테고리의 요리입니다. 이러한 요리는 반찬도 많지⁽⁷⁻⁵⁾ [만치]

않아서 김치나 깍두기 정도입니다.⁽⁷⁻⁶⁾ [아나서]

곰탕은 가정에서도 가끔 만듭니다. 소의 뼈와 고기를 오래⁽⁷⁻⁷⁾ [소에]

끓입니다. 한 번 만들면 며칠 먹을 수 있어서 주부가 집을 며⁽⁷⁻⁸⁾⁽⁷⁻⁹⁾ [끄립니다]

칠 비울 때에 곰탕을 끓이기도 합니다.⁽⁷⁻¹⁰⁾⁽⁷⁻¹¹⁾

미역국은 평소에도 잘 먹지만, 특히 아기를 출산한 후에, 그⁽⁷⁻¹²⁾ [트키] [출싼난]

리고 생일에 먹습니다. 하지만 시험 전에는 먹지 않습니다. 식 [저네는] [먹찌] [안씀니다]

감이 미끄럽기 때문입니다.⁽⁷⁻¹³⁾

---

¹ **곰탕** : 牛の肉と骨を長時間煮込んだスープ。
　설렁탕 : 牛の内臓や骨などを煮込んで牛乳のような色になるまで煮込んだスープ。
² **육개장** : 火を通しほぐした牛肉とさまざまな野菜を入れて辛くして煮込む料理。
　해장국 : 二日酔いの日に酔い覚めのために食べる汁物。

文法の解説

7-1 많아서 그런지 > 많다 (多い) + 아/어서 그런지 (〜だからなのか)

아/어の選び方は **3-1** を参照

책을 많이 읽어서 그런지 말을 참 잘해요.

本をたくさん読んでいるからか話がとても上手いです。

새벽에 비가 와서 그런지 좀 쌀쌀하네요.

明け方に雨が降ったからか少し肌寒いですね。

7-2 유명한 > 유명하다 (有名だ) + (은) 形容詞の現在連体形 **4-8** を参照

7-3 삼계탕을 비롯해 : 参鶏湯をはじめ

를/을 비롯해 (〜をはじめ)

7-4 붙지는 않지만 > 붙다 (付く) + 지는 않다 (〜しない)

→ 붙지(는) 않다 + 지만 (〜けれど)

7-5 이러한 > 이러하다 (こうである) + (은) 形容詞の現在連体形 **4-8** を参照

7-6 많지 않아서 > 많다 (多い) + 지 않다 (〜しない)

→ 많지 않다 + 아/어서 (〜なので)

7-7 만듭니다 > 만들다 (作る) + (습)니다 パッチム ㄹ脱落

7-8 만들면 > 만들다 (作る) + (으)면 (〜すれば) ㄹ語幹なので (으) 不要

7-9 먹을 수 있어서 > 먹다 (食べる) + (을) 수 있다 (〜することができる)

→ 먹을 수 있다 + 아/어서 (〜ので) **1-5・3-1** を参照

7-10 비울 때 > 비우다 (空ける) + (을) 때 (〜するとき) **6-8** を参照

7-11 끓이기도 합니다 : 끓이다 (煮込む) + 기도 합니다 (〜したりもします)

7-12 출산한 > 출산하다 (出産する) + (은) 動詞の過去連体形 **2-8** を参照

7-13 미끄럽기 때문이다 : 미끄럽다 (すべる) + 기 때문이다 (〜するからである)

語　彙

국물	：汁物	종류	：種類	숟가락	：スプーン
반드시	：必ず	필요하다	：必要だ	국	：スープ
외에	：他に	탕	：湯	반찬	：おかず
정도	：程度	가정	：家庭	가끔	：たまに
소	：牛	뼈	：骨	오래	：（時間的に）長く
며칠	：何日か	주부	：主婦・主夫	평소	：平素・普段
잘	：よく	특히	：特に	아기	：赤ちゃん
후	：後	그리고	：そして	생일	：誕生日
하지만	：しかし	시험	：試験	전	：前
식감	：食感				

❖ 発音の変化：鼻音化（パッチム k・t・pの発音が変わる！）❖

「パッチム k（ㄱ,ㅋ）＋ ㅁ/ㄴ」の場合：パッチム k は o に発音される

　国물[궁물]　먹는[멍는]　추석날[추성날]　학년[항년]　목욕만[모콩만]

「パッチム t（ㄷ,ㅌ,ㅅ,ㅆ,ㅈ,ㅊ,ㅎ）＋ ㅁ/ㄴ」の場合：パッチム t はㄴに発音される

　꽃나무[꼰나무]　끝나고[끈나고]　옛날[옌날]
　뒷문[뒨문]　맛있는[마신는]　윷놀이[윤노리]

「パッチム p（ㅂ,ㅍ）＋ ㅁ/ㄴ」の場合：パッチム p はㅁに発音される

　합니다[함니다]　갑니다[감니다]　앞문[암문]　없는[엄는]

話し合いましょう　下のテーマから自由に選んでみよう。

● 日本にも韓国にも、次のような汁物料理がありますが、その中身は必ずしも同じではありません。それぞれの特徴を調べてみましょう。

　　　　　　　　味噌汁、わかめスープ、ラーメン

● 上記の料理のほかに、韓国の汁物料理をいくつか調べ、どんな料理なのか話し合いましょう。

● 日本の出汁と韓国の出汁とを調べ、色や味を比較してみましょう。

8. 夏場の保養食、参鶏湯

여름철 보양식 , 삼계탕

　韓国では、夏の最も暑い時期のことをさして삼복더위（サムボクトウィ：三伏の暑さ）といいます。「三伏」とは、「3つの복날（伏の日）」という意味で、초복（チョボク：初伏）、중복（チュンボク：中伏）、말복（マルボク：末伏）の3日のことを指します。旧暦で算出されるので毎年変わりますが、大体7月から8月にかけて、およそ10日おきの3日間となります。参鶏湯は、夏の保養食として特に三伏の日によく食べられています。参鶏湯のお店の前に長蛇の列ができることもまれではありません。

　毎年変わる三伏の日を一般の人々が知ることは難しいです。韓国ではカレンダーに旧暦の日にちが記されるので、それを見てその年のお正月や秋夕、三伏が何日なのかわかります。ちなみに、インターネットの各種サイトから、陰暦が併記されたカレンダーや陽陰暦変換アプリを簡単に手に入れることができます。

8

夏場の保養食、参鶏湯
여름철 보양식 , 삼계탕

일본에서는 여름에 더위 먹지 않고 잘 이겨내기 위해 ⁽⁸⁻¹⁾ 장어를 먹습니다만, 한국에서는 삼계탕을 먹습니다. 물론 일본 사람들이 장어를 먹는 것이 그렇듯이 삼계탕도 일 년 내내 먹습⁽⁸⁻³⁾ ⁽⁸⁻⁴⁾
[멍는]　　　　　[그러트시]　　　　　　[일런]
니다만, 가장 더운 시기에 특히 더 잘 먹는 요리입니다.
　　　　[트키]　　　[멍는]⁽⁸⁻⁵⁾⁽⁸⁻⁶⁾

삼계탕은 영계 한 마리를 통째로 쓰는 요리입니다. 뱃속을 깨끗이 씻어서 그 안에 인삼, 대추, 마늘 등을 찹쌀과 같이⁽⁸⁻⁷⁾ 넣어서 장시간 끓입니다. 맵지 않습니다.⁽⁸⁻⁸⁾
[너어서]　　　　　[끄립니다]

삼계탕은 전문 식당도 있습니다. 그리고 양이 좀 많기 때문⁽⁸⁻⁹⁾에 반 마리만 사용하는 '반계탕¹'을 파는 식당도 있습니다.⁽⁸⁻¹⁰⁾
　　　　　　　　　　　　　　　　　　　　[만키]

최근에는 '닭한마리²'도 인기가 있습니다. 삼계탕과 비슷한⁽⁸⁻¹¹⁾
[다칸마리]　　　　[인끼]　　　　　　　　　　[비스탄]
요리입니다만, 인삼이 안 들어가서 인삼 맛을 싫어하는 사람⁽⁸⁻¹²⁾⁽⁸⁻¹³⁾
　　　　　　　　　　　　　　　　　　[시러하는]
들은 삼계탕보다 닭한마리를 더 좋아합니다.

---

¹ **반계탕** : 「반 (半)」と「계탕 (鶏湯)」とからなる造語。
² **닭한마리** : 닭 (鶏肉) 한마리 (一羽) という意味の料理名。

文法の解説

8-1 **더위 먹지 않고** > 더위 먹다 (夏バテする) + 지 않다 (~しない)
→ 더위 먹지 않다 + 고 (~して)

8-2 **이겨내기 위해** > 이겨내다 (乗り越える) + 기 위해 (~するために)
장학금을 받기 위해 열심히 공부했어요.
奨学金をもらうために一所懸命に勉強しました。
좋은 결과를 내기 위해 쉬는 시간을 많이 가졌어요.
良い結果を出すため休む時間をたくさん取りました。

8-3 **먹는** > 먹다 (食べる) + 는 　　　動詞の現在連体形 **1-2** を参照

8-4 **그렇듯이** > 그렇다 (使う) + 듯이 (~のように)

8-5 **더운** > 덥다 (暑い) + (은) : 덥 → 더우 + (은)
パッチムㅂが우に変わる　　　　　　形容詞の現在連体形 **4-8** を参照

8-6 **쓰는** > 쓰다 (使う) + 는 　　　動詞の現在連体形 **1-2** を参照

8-7 **씻어서** > 씻다 (洗う) + 아/어서 (~して)　　아/어の選び方は **3-1** を参照
한국에서는 보통 고기를 상추에 싸서 먹어요.
韓国では普通お肉をサンチュに包んで食べます。
사과는 껍질을 깎아서 먹어요.
リンゴは皮をむいて食べます。

8-8 **넣어서** > 넣다 (入れる) + 아/어서 (~して)　　아/어の選び方は **3-1** を参照

8-9 **많기 때문에** > 많다 (多い) + 기 때문에 (~ので)

8-10 **파는** > 팔다 (売る) + 는 　　　動詞の現在連体形 **1-2** を参照
パッチムㄹが脱落

8-11 **비슷한** > 비슷하다 (~と似ている) + (은)　　形容詞の現在連体形 **4-8** を参照

8-12 **안 들어가서** > 안 들어가다 (入らない) + 아/어서 (~ので)

8-13 **싫어하는** > 싫어하다 (嫌う) + 는 　　　動詞の現在連体形 **1-2** を参照

~が嫌いだ：助詞「を (를/을)」を使用

야채를 싫어해요. 　野菜を嫌いです

여름을 싫어해요. 　夏を嫌いです

語　　彙

여름	：夏	장어	：ウナギ	물론	：もちろん
것	：こと	일 년	：一年	내내	：〜中、〜の間ずっと
가장	：最も	시기	：時期	특히	：特に
더	：もっと	영계	：若鶏	〜마리	：〜匹・羽
통째로	：丸ごと	뱃속	：お腹の中	깨끗이	：きれいに
안	：中	인삼	：高麗人参	대추	：ナツメ
마늘	：ニンニク	찹쌀	：もち米	장시간	：長時間
끓이다	：煮込む	전문	：専門	양	：量
반	：半	사용하다	：使用する	최근	：最近

❖ **発音の変化：일 년 [일 련]** ← ㄴの流音化 ❖

「ㄹ+ㄴ」または「ㄴ+ㄹ」の場合ㄹ+ㄹに発音される。

일 년[일련]　설날[설랄]　겨울 내내[겨울래내]
신랑[실랑]　관례[괄례]　훈련[훌련]

❖ **発音の変化：좋아 [조아]** ← パッチムㅎの脱落 ❖

パッチムㅎ+ㅇの場合は、パッチムㅎが脱落する。

넣어서[너어서]　많은[많은 → 만은 → 마는]
끓이다[끓이다 → 끌이다 → 끄리다]
싫어하는[싫어하는 → 실어하는 → 시러하는]

話し合いましょう　下のテーマから自由に選んでみよう。

● 参鶏湯かタッカンマリを食べたことがありますか？　どちらが好きですか？　あるいはどう違いますか？

● 日韓の最も暑い時期はいつでしょうか？　調べてみましょう。

● 自分なりの夏バテ対策があれば話し合いましょう。

9. 大衆交通

대중교통

　大衆交通手段について少し詳しくご紹介します。鉄道では、日本の新幹線のような高速鉄道 KTX がよく知られていますが、KTX より 1/2 程度のスピードで走る ITX があります。都市間急行列車で、旧새마을호（セマウル号）です。

　地下鉄にはシルバーシートのほかにマタニティシートが設けられています。韓国は交通費が非常に安いのですが、乗り換え割引も充実しています。地下鉄の乗り換えやバスの乗り換えのみならず、地下鉄とバスの間も普通は 1 時間以内で乗り換え割引が適用されます。

　バスは、自治体間を運行する광역버스（広域バス）がありますが、例えば、수원（水原）～서울（ソウル）なら 300 円前後の料金で利用できます。ほかにも마을버스（マウルバス：町を巡回するシャトルバス）は短距離移動には便利です。

　また、タクシーに関しては、IT 技術が導入され、スマートフォンのアプリを利用して現在位置からタクシーを呼び出すことができます。

　最後になりますが、自転車は移動手段として日本ほど一般的ではありません。

9

大衆交通
대중교통

대중 교통 수단은 일본과 비슷합니다. 지하철, 버스, 택시,
[비스탑니다]
고속철도 (KTX) 등이 있습니다. 단지, 이용 방법에서 일본의
[일보네]
경우와 다른 점이 있습니다.[9-1]

우선, 택시는 문이 자동이 아니기 때문에,[9-2] 타는[9-3] 사람이 열고
닫아야 합니다.[9-4] 버스는 앞문으로 타고[9-5] 뒷문으로 내립니다. 탈
[암무느로]   [뒨무느로]
때[9-6] 요금을 지불합니다. 그리고 버스는 운전이 좀 거칠고 빠릅
[지부람니다]
니다. 지하철의 경우는, 개통 순서에 따라[9-7] 1호선, 2(이)호선,
[지하처례]   [이로선]
3호선¹ 등으로 이름이 붙여집니다.[9-8]
[사모선]   [부쳐짐니다]

한국은 교통비가 비교적 쌉니다. 예를 들어, 서울 시내의 버
스와 지하철의 경우, 기본 요금이 1,300(천삼백)원 정도입니
[기본뇨그미]
다. 10(십) 킬로미터 이내가 기본 요금 거리입니다.

택시의 기본 요금은 지역에 따라 차이가 있지만 대략
3,800(삼천팔백) 원 정도입니다. 공항 리무진버스도 대략
10,000원 정도면 인천 공항에서 시내까지 갈 수 있습니다.[9-9][9-10]

---

¹ 代表的な駅名として、1号線 : 동대문 (東大門)、2号線 : 홍대입구 (弘大入口)、3号線 :
압구정 (狎鷗亭) などがある。

文法の解説

9-1 **다른** > 다르다 (異なる・違う) ＋（은） 　　　形容詞の現在連体形 **4-8** を参照

9-2 **자동이 아니기 때문에** : 自動ではないので
　　　가/이 아니다 (〜ではない) ＋ 기 때문에 (〜ので)

9-3 **타는** > 타다 (乗る) ＋ 는 　　　動詞の現在連体形 **1-2** を参照

9-4 **닫아야 하다** : 닫다 (閉める) ＋ 아/어야 하다 (〜しなければならない)

9-5 **앞문으로 타다** : 前ドアに乗る (前から乗る)

9-6 **탈 때** > 타다 (乗る) ＋（을） 때 (〜するとき) 　　　未来連体形 **6-8** を参照

9-7 **순서에 따라** : 順序によって

9-8 **붙여집니다** > 붙이다 (つける) ＋ 아/어집니다 (〜られます)

9-9 **정도면** > 정도(이)다 (程度だ) ＋ (으)면 (〜なら) → 정도(이)면
　　　　　　　　　　　　　　　　　　　　　　　　이省略

　　집 バッチム有 ＋ 이다 > 집이다 ＋ (으)면 → 집이면 (家なら)
　　아직 집이면 책상 위의 내 스마트폰 좀 가져다 줄래?
　　まだ家なら机の上の私のスマートフォンを持ってきてくれる？

　　언제 バッチム無 ＋ (이)다 > 언제다 ＋ (으)면 → 언제면 (いつなら)
　　병세가 언제면 좋아질까요?
　　病状がいつなら良くなるでしょうか？

9-10 갈 수 있다 : 가다 (行く) ＋（을） 수 있다 (〜することができる) 　　　**1-5** を参照

「名前をつける」は２種類！

(1) 붙이다 : 建物や橋、各種商品など物に対して使います。
　　이번의 새 자동차에 '소나타' 라고 이름을 붙였다.
　　今度の新しい自動車に「ソナタ」と名前をつけた。

(2) 짓다 : 人やペットなどの生物に対して使います。
　　내 이름은 할아버지께서 지어 주셨다.
　　私の名前は祖父がつけてくださった。

語　彙

대중	:大衆	교통	:交通	수단	:手段
비슷하다	:似ている	지하철	:地下鉄	고속철도	:高速鉄道
단지	:ただし. もっぱら	이용	:利用	방법	:方法
경우	:場合	점	:点	우선	:まず
열다	:開ける	앞문	:前ドア	뒷문	:後ろドア
내리다	:降りる	요금	:料金	지불하다	:支払う
운전	:運転	좀	:少し	거칠다	:荒い
빠르다	:速い	개통	:開通	비교적	:比較的（に）
예를 들어	:例えば	기본	:基本	시내	:市内
이내	:以内	거리	:距離	지역	:地域
차이	:差異	대략	:大体	공항	:空港

❖ 発音の変化 : 일 호선 [이로선] 語中のㅎの弱化による連音化 ❖

語中のㅎはほとんど発音しないので、前にパッチムがあれば連音化する。

삼 호선[사모선]	진해[지내]	피곤하며[피고나며]
전하고[저나고]	신선함[신서남]	우울해[우우래]
문화[무놔]	주문한[주무난]	기념하여[기녀마여]
지불하다[지부라다]	결혼[겨론]	은행[으냉]
연휴[여뉴]	말하다[마라다]	

話し合いましょう　下のテーマから自由に選んでみよう。

- 韓国での便利な移動方法は何だと思いますか？

- 韓国の車が右通行なのを知っていますか？ ほかに、右通行の国と左通行の国とを調べてみましょう。

- 韓国で一番行ってみたいところはどこですか？ それはなぜですか？

10. 結婚式

　韓国独特の結婚式文化として、폐백（ペベック：幣帛）と新婚旅行後の挨拶を挙げることができます。幣帛はもともと「絹を捧げる礼」として行われた伝統文化ですが、現代では婚姻文化にその名残が残っています。

　その現代の結婚式は、婚約の誓いを行う式と幣帛とで構成されます。婚約の誓いを行う式は、日本と同じように新郎のタキシードと新婦のウェディングドレス姿で行われます。結婚式を終えた新郎新婦と家族は、幣帛を行う部屋へ移動し、新郎の両親の前にナツメや栗、酒などの料理がテーブルに用意されます。そして、伝統衣装に着替えた新郎と新婦は新郎の両親にお辞儀をします。跪いて頭を床につけるお辞儀です。お辞儀の後両親は、健康と子宝に恵まれるようにとお祝いの言葉をかけながら、ナツメを新婦のスカートの上に投げ与えます。その後テーブルの席に移動した新郎と新婦は、盃を交わしたり料理を食べたりします。これらの一連の儀式を幣帛といいます。

10

結婚式
결혼식

한국의 결혼식에 가 본 적이 있습니까? 혼인 서약식 자체는⁽¹⁰⁻¹⁾
[한구게]　[겨론시게]

일본의 경우와 별로 다르지 않지만,⁽¹⁰⁻²⁾ 그 외의 다른 점이⁽¹⁰⁻³⁾ 많습니다.
[일보네]　　　　　　　　　　　[안치만]　　　[외에]

청첩장을 돌리기는 하지만 하객 인원을 파악하기 위한 것이⁽¹⁰⁻⁴⁾
[청첩짱]　　　　　　　　　　　　　　　　　[파아카기]

아니기 때문에 답장을 보내지 않습니다.⁽¹⁰⁻⁵⁾ 그리고 초대받지 않은⁽¹⁰⁻⁶⁾⁽¹⁰⁻⁷⁾
[아는]

사람이라도 참석하고 식사를 할 수 있습니다.⁽¹⁰⁻⁸⁾ 복장도 꼭 정장⁽¹⁰⁻⁹⁾
[참서카고]

을 하지 않아도 됩니다.⁽¹⁰⁻¹⁰⁾ 축의금도 일반적인 흰 봉투에 넣어서⁽¹⁰⁻¹¹⁾
[아나도]　　　　　　　[추기금]　　　　　　[힌]　　　[너어서]

접수에 내며, 은행 계좌로 송금하는 경우도 있습니다.⁽¹⁰⁻¹²⁾ 하객에
[으냉]　　　　　[송그마는]

게 선물을 주는 습관도 없습니다.⁽¹⁰⁻¹³⁾

또한, 드라마에서도 가끔 볼 수 있습니다만, 결혼식 중에⁽¹⁰⁻¹⁴⁾

신랑이 신부 부모님께 큰절을¹ 하는 것도 이제는 관례가 되었
[실랑]　　　　　　　　　　　　　　　　　　　　[괄레]

습니다.

---

¹ **큰절** (クンジョル)：「大きいお辞儀」という意味で、跪いて頭を床につけるお辞儀。
お正月などの場面で親戚の年長者に久しぶりに会ったときにクンジョルをする。

文法の解説

10-1 가 본 적이 있다 : 가 보다 (行ってみる) ＋（은）

＋ 적이 있다/없다 (～したことがある／ない)　　動詞の過去連体形 **2-8** を参照

10-2 다르지 않지만 ＞ 다르다 (異なる。違う) ＋ 지 않다 (～しない)

→ 다르지 않다 ＋ 지만 (～けれど)

10-3 다른 ＞ 다르다 (異なる) ＋（은）　　形容詞の現在連体形 **4-8** を参照

10-4 돌기기는 하지만 ＞ 돌리다 (回す) ＋ 기는 하다 (～することはする)

→ 돌리기는 하다 ＋ 지만 (～けれど)

10-5 파악하기 위한 것이 아니기 때문에 ＞ 파악하다 (把握する)

＋ 기 위하다 (～するためだ) → 파악하기 위하다 ＋（은）＋ 것 (もの)

動詞の過去連体形 **2-8** を参照

→ 파악하기 위한 것 ＋ 가/이 아니다 (～ではない)

→ 파악하기 위한 것이 아니다 ＋ 기 때문에 (～ので)

10-6 보내지 않습니다 ＞ 보내다 (送る) ＋ 지 않습니다 (～しません)

10-7 초대받지 않은 ＞ 초대받다 (招待される) ＋ 지 않다 (～しない)

→ 초대받지 않다 ＋（은）　　動詞の過去連体形 **2-8** を参照

지 않다は動詞？ 形容詞？

動詞 ＋ 지 않다 → 動詞　　　形容詞 ＋ 지 않다 → 形容詞

가다 (行く) ＋ 지 않다 → 가지 않다 (行かない：動詞)

가지 않는 사람 (行かない人)　　　← 動詞の連体形

작다 (小さい) ＋ 지 않다 → 작지 않다 (小さくない：形容詞)

작지 않은 집 (小さくない家)　　　← 形容詞の連体形

10-8 사람이라도 ＞ 사람 (人) ＋（이)라도 (～であっても)

잘못 パッチム有 ＋ 이라도 → 잘못이라도 (間違いであっても)

작은 잘못이라도 바로잡아야 합니다.

小さい間違いであっても正さなければなりません。

아이 パッチム無 ＋ 라도 → 아이라도 (子供であっても)

아이라도 느끼는 것은 어른과 다르지 않아요.

子供であっても感じることは大人と変わりません。

10-9　할 수 있다 : 하다 (する) ＋ (을) 수 있다 (〜することができる)　　**1-5** を参照

10-10　하지 않아도 되다 : 하다 (する) ＋ 지 않다 (〜しない)
　　　→ 하지 않다 (〜しない) ＋ 아/어도 되다 (〜してもいい)

10-11　**흰** > 희다 (白い) ＋ (은)　　形容詞の現在連体形 **4-8** を参照

10-12　**송금하는** > 송금하다 (送金する) ＋ 는　　動詞の現在連体形 **1-2** を参照

10-13　**주는** > 주다 (あげる) ＋ 는　　動詞の現在連体形 **1-2** を参照

10-14　**볼 수 있습니다만** > 보다 (見る) ＋ (을) 수 있습니다만 (〜することができますが)

語　彙

혼인	：婚姻	서약식	：誓願式	자체	：自体
경우	：場合	별로	：あまり（＋否定表現）	점	：点
청첩장(請牒狀)을 돌리다(回す)		하객	：賀客（来客）	인원	：人員
：招待状を送る					
답장	：返信	참석하다	：参席する	복장	：服装
꼭	：必ず・必ずしも	정장	：正装	축의금	：祝儀金
일반적인	：一般的な	봉투	：封筒	넣다	：入れる
접수	：受付	내다	：渡す・出す	계좌	：口座
습관	：習慣	또한	：また	가끔	：たまに
중에	：中に	신랑	：新郎	신부	：新婦
부모님	：ご両親	이제는	：いまや	관례	：慣例

話し合いましょう　下のテーマから自由に選んでみよう。

● どうしてジューンブライドが好まれると思いますか？

● 結婚式の季節はいつがいいと思いますか？

● 日本にも韓国にも伝統的な結婚式があります。それぞれ調べて比較してみましょう。

11. 秋夕

추석

　秋夕は固有語では한가위（ハンガウィ）ともいいます。最も大きい真ん中の日という意味で、最も大きい満月の日を指すと言われています。

　8月15日といえば日本ではお盆に当たりますが、韓国では秋夕に当たります。秋夕は、お盆的な要素といわば収穫感謝祭的な要素があるといえ、一年の農事が終わり収穫の季節ですので、感謝を込めてお祭りが行われます。つまり、日本のようにお墓参りもしますが、おいしいものを食べて遊ぶというお祭りでもあるのです。

　秋夕の由来は紀元前後にまでさかのぼり、それだけにその祝い方も様々なものがあります。満月の夜に遊ぶ강강술래（カンガンスルレ）をはじめ、달맞이（タルマジ：月見）、줄다리기（チュルダリギ：綱引き）、줄타기（チュルタギ：tightrope walking）などが行われてきました。カンガンスルレとチュルタギは無形文化財として登録されています。

11

ゆっくり 🎧22　ふつう 🎧23

秋夕
추석

　추석은 음력 8월 15일입니다. 조상에게 차례를[1] 지내고 맛있는
[음녁] [파뤌] [시보이림니다] [마신는]
음식을 먹으면서 즐기는 날입니다. 설날과 함께 큰 명절입니[2]
[설랄]
다.

　아침에 일어나서 한복으로 갈아입고 차례를 지냅니다. 성묘
도 합니다. 추석의 대표적인 음식은 송편입니다.[3] 떡 종류인데
[추서게] [종뉴]
간식입니다. 추석 전에 가족이 모여서 송편을 만들기도 합니다.

　놀이는 강강술래라고 하는 전통 놀이가 유명합니다. 추석날
[추성날]
밤에 미혼의 여자들이 모여서 보름달 아래에서 노래도 부르
[미호네] [보름딸]
고 춤도 춥니다. 요즘에는, 특히 도시에서는 거의 볼 수 없는
[트키] [거이] [엄는]
놀이입니다.

　추석은 음력으로 지내기 때문에 해마다 날짜가 바뀝니다.
추석을 전후로 3일 동안 연휴입니다. 고궁이나 놀이공원, 고
[저누로] [사밀] [여뉴임니다]
속도로 요금이 무료가 되기도 합니다.

---

¹ **차례**（茶礼）：祭祀（供養）のこと。
² **명절**（名節）：ある民族が伝統的に毎年祝い記念する日。
³ **송편**（松ピョン）：うるち米で生地を作り、あんを包んで半月型に作って松葉を敷いて
蒸したお餅。

文法の解説

11-1 맛있는 > 맛있다 (おいしい) + 는 　　　存在詞の現在連体形 **1-2** を参照

11-2 먹으면서 > 먹다 (食べる) + (으)면서 (~しながら)

11-3 즐기는 > 즐기다 (楽しむ) + 는 　　　動詞の現在連体形 **1-2** を参照

11-4 큰 > 크다 (大きい) + (은) 　　　形容詞の現在連体形 **4-8** を参照

11-5 일어나서 > 일어나다 (起きる) + 아/어서 (~して)

11-6 한복으로 갈아입다 : 한복 + (으)로 갈아입다 (韓服に着替える)

　　편한 옷 パッチム有 + 으로 → 편한 옷으로 갈아입다 (楽な服に着替える)

　　원피스 パッチム無 + 로 → 원피스로 갈아입다 (ワンピースに着替える)

11-7 대표적인 > 대표 (代表) + 적인 (~的な) 　　　**4-3** を参照

11-8 종류인데 > 종류이다 (種類だ) + (은)데 (~で・が : 前置き表現)

　　유명한 과학자인데 노벨상도 받았어요.

　　有名な科学者で、ノーベル賞も取りました。

　　그곳은 아주 작은 마을인데 마을 전체가 한 장의 그림 같아요.

　　そこはとても小さい村ですが、村全体が一枚の絵のようです。

11-9 모여서 > 모이다 (集まる) + 아/어서 (~して)

　　　　　　　　　　　　　아/어의 選び方は **3-1** を参照

11-10 만들기도 합니다 > 만들다 (作る) + 기도 합니다 (~したりもします)

11-11 강강술래라고 하는 : カンガンスルレという 　　　**2-2** を参照

11-12 볼 수 없는 > 보다 (見る) + (을) 수 없다 (~することができない)

　　→ 볼 수 없다 + 는 　　　**1-5** を参照　存在詞の現在連体形 **1-2** を参照

11-13 음력으로 지내기 때문에 : 陰暦で過ごすので

　　(으)로 지내다 (~で過ごす) + 기 때문에 (~ので)

11-14 무료가 되기도 합니다 : 無料になったりもします

　　가/이 되다 (~になる) + 기도 하다 (~したりもする)

語　彙

조상	：先祖	차례 (를) 지내다	：祭祀を行う	날	：日
설날	：お正月	함께	：ともに	아침	：朝
성묘 (를) 하다	：お墓参りをする	떡	：お餅	간식	：おやつ
전	：前	놀이	：遊び	전통	：伝統
유명하다	：有名だ	밤	：夜・晩	미혼	：未婚
보름달	：満月	아래	：下	부르다	：歌う
춤 (을) 추다	：踊り (を) 踊る＝踊る	요즘	：最近	특히	：特に
거의	：ほとんど	음력	：陰暦（旧暦）	해마다	：年毎に・毎年
날짜	：日にち	바뀌다	：変わる	전후로	：前後に
～동안	：～の間	연휴	：連休	고궁	：古宮
놀이공원	：遊園地	요금	：料金		

❖ 거의（ほとんど）の使い方 ❖

거의 다 왔어요.	ほとんど全部来ました：ほぼ着きました
청소도 거의 다 했어요.	掃除もほとんど全部終わりました ：掃除もほぼ終わりました
거의 대부분의 사람들은 그렇게 생각해요.	ほぼ大部分の人たちはそのように考えます
외식은 거의 안 해요.	外食はほとんどしません
친구도 거의 안 만나요.	友だちもほとんど会わないです

話し合いましょう　下のテーマから自由に選んでみよう。

● ソンピョンを食べたことがありますか？

● ソンピョンのあんに入れるものを調べてみましょう。

● 日本のお盆と秋夕、共通点と相違点をいくつか調べてみましょう。

12. 兵役の義務

병역 의무

　韓国では、成人男性なら2年弱の兵役の義務を負います。「現役で行く」ことへの誇りや、たくましくなるという肯定的な考え方もありますが、国際競争時代に不利だとか、肉体的な苦難や危険性があるといった否定的な考え方もあります。近年はどちらかといえば後者のほうが目立つかもしれません。

　確かに軍隊は非常に特殊な社会なので、言葉遣いも「ハムニダ体」という最高の丁寧体のみ使います。また、「軍人は何もない状況で家を建てろと言われれば建ててしまう」という話があるくらいです。それだけサバイバル能力が備わるのだと言えます。さらに家族の目から見れば、「たくましく、責任感を持った大人」になったという印象を受けます。

　一方、社会人としてのスタートは大分遅れることになります。もし留学でもすればなおさらです。恋愛においても大きなリスクがあります。彼女をおいて入隊した場合、最初は面会に来てくれたりしますが、2年間の兵役中に別れを告げられるケースも少なくありません。

兵役の義務
병역 의무

한국의 성인 남자는 군대에 가야 합니다. 약 2년간의 병역의 ⁽¹²⁻¹⁾
[한구게]　　　　　　　　　　　　　　[이년가네]　[병여게]

의무가 있습니다. 보통은 19살에서 30(서른)살 사이에 가야
[여라훕싸레서]

합니다. 대학생들은 2학년을 마치고 가는 경우가 많습니다. ⁽¹²⁻²⁾
[이항녀늘]

그런데, 신체검사를 해서 현역¹에 적합하지 않다고 하는 결 ⁽¹²⁻³⁾
[저카파지안타고]

과가 나오면 주민센터나 우체국 같은 공공기관에서 근무하게 ⁽¹²⁻⁴⁾

됩니다. ⁽¹²⁻⁵⁾

현역을 가게 되면 훈련 기간을 거친 후 각각의 군대에 배치 ⁽¹²⁻⁶⁾　　⁽¹²⁻⁷⁾
[홀련]　　　　　　　　　[각까게]

됩니다. 보통은 육군에 소속됩니다. 소속부대를 선택할 수는
[육꾸네]　　　　　　　　　　　[선태칼]

없습니다. 정해진 곳에 가야 합니다. 제대할 때까지 몇 번 휴 ⁽¹²⁻⁸⁾　⁽¹²⁻⁹⁾　　　　　　　　　　⁽¹²⁻¹⁰⁾
[멷뻔]

가를 나오는데 기간은 한 번 휴가에 보통 10(십)일 이상 받습 ⁽¹²⁻¹¹⁾

니다.

군대는 일반 사회와는 달리 엄격한 곳이지만, 요즘은 근무 ⁽¹²⁻¹²⁾　⁽¹²⁻¹³⁾
[엄껴칸]

시간 후에는 스마트폰이나 인터넷을 할 수도 있게 되었습니다. ⁽¹²⁻¹⁴⁾

---

¹ **현역** (現役)：軍隊に入隊し指定の部隊に所属されることまたはその人。（部隊に入隊
せず公共機関で務める場合と区別する意味でも用いられる）

文法の解説

12-1 가야 하다 : 가다 (行く) + 아/어야 하다 (~しなければならない)

12-2 가는 > 가다 (行く) + 는 　　　　　動詞の現在連体形 **1-2** を参照

12-3 적합하지 않다고 하는 > 적합하다 (適合する) + 지 않다 (~しない)

　→ 적합하지 않다 + 고 하다 (~という)

　→ 적합하지 않다고 하다 + 는 　　　動詞の現在連体形 **1-2** を参照

12-4 같은 > 같다 (~のようだ) + (은) 　形容詞の現在連体形 **4-8** を参照

　　　우리 같은 서민들은 이렇게 큰 집은 사지도 못해요.

　　　我々のような庶民たちはこんなに大きい家は買いはしません。

　　　골프 같은 스포츠는 돈이 많이 들어요.

　　　ゴルフのようなスポーツはお金がたくさんかかります。

12-5 근무하게 됩니다 > 근무하다 (勤務する) + 게 됩니다 (~するように
なります・することになります)

12-6 가게 되면 > 가다 + 게 되다 (~ことになる)

　→ 가게 되다 + (으)면 (~すれば・したら)

12-7 거친 > 거치다 (経る) + (은) 　　　動詞の過去連体形 **2-8** を参照

12-8 선택할 수는 없다 : 선택하다 (選択する) + (을) 수는 없다 (~する
ことはできない) 　　　　　　　　　　　　　　　　　　　**1-5** を参照

12-9 정해진 > 정하다 (決める) + 아/어지다 (~られる)

　→ 정해지다 + (은) 　　　　　　　　動詞の過去連体形 **2-8** を参照

12-10 제대할 때 > 제대하다 (除隊する) + (을) 때 (~するとき) 　**6-8** を参照

12-11 나오는데 > 나오다 (出てくる) + 는데 (~するが : 前置き)

12-12 일반 사회와는 달리 > 일반 사회 (一般社会) + 와는 달리 (~とは
違って) 　　　　　　　　　　　　　　　　　　　　　**4-12** を参照

12-13 엄격한 > 엄격하다 (厳格だ) + (은) 　形容詞の現在連体形 **4-8** を参照

12-14 할 수도 있게 되었습니다 > 하다 (する) + (을) 수도 있다 (~する
こともできる) → 할 수도 있다 + 게 되다 (~するようになる)

　→ 할 수도 있게 되다 + 았/었습니다 (~しました)

語　彙

성인	：成人	군대	：軍隊	약	：約・凡そ
병역	：兵役	의무	：義務	보통은	：普通は
사이에	：間に	마치다	：終える	경우	：場合
그런데	：ところで	신체검사	：身体検査、健康診断	현역	：現役
결과	：結果	나오다	：出る	주민센터	：住民センター (役所)
우체국	：郵便局	공공기관	：公共機関	훈련	：訓練
기간	：期間	후	：後	각각의	：各々の
배치되다	：配置される	육군	：陸軍	소속되다	：所属される
소속부대	：所属部隊	곳	：ところ	몇 번	：何回か
휴가를 나오다	：休暇を取って帰って来る			이상	：以上
받다	：もらう	사회	：社会	-과/와는 달리	
					：～とは違って
요즘	：最近	시간	：時間		

話し合いましょう　下のテーマから自由に選んでみよう。

● 兵役の義務がある国を調べてみましょう。

● 軍生活はどんな様子か想像してみましょう。

● プデチゲを食べたことがありますか？ それは軍隊発祥の料理だと言われていますが、どんな
料理か、なぜそう言われているのか調べてみましょう。

13. お風呂の文化

목욕 문화

　日本人と同じぐらいお風呂好きな韓国人は、銭湯、찜질방（チムジルバン）、温泉を楽しみます。温泉といっても日本の温泉文化とはかなり違います。

　そもそも韓国では、伝統的に治療のために温泉を利用することがありました。時代劇でも、リウマチや筋肉痛の改善、疲労回復などのために、王族が温泉に行くシーンが見られます。現代でも、治療効果のある温泉が話題になったりします。

　現代では温泉へ行くとなると、宿泊は日本の温泉旅館のように伝統文化が融合された形ではない普通のホテルが多く、最近はプールなど行楽施設の整ったリゾートホテルも増えています。

　古くから有名な温泉といえば、덕구（トック：徳邱）温泉、온양（オニャン：温陽）温泉がありますが、ほかにも유성（ユソン：儒城）温泉、백암（ペガム：白岩）温泉など良い温泉がたくさんあります。ぜひ韓国の温泉も味わってみてください。

お風呂の文化
목욕 문화

한국의 목욕 문화 하면 찜질방이 유명합니다. 옛날부터 동
[한구게]   [모공무놔]   [옌날]
네에 공중 목욕탕이 있었습니다. 그 목욕탕이 업그레이드 된
것이 찜질방이라고 할 수 있습니다. 목욕만 할 수도 있고 추
                                        [모공만]
가 요금을 내고 찜질방을 이용할 수도 있습니다.

목욕은 몇 가지 종류의 탕이 있고 때밀이, 마사지 등의 서
        [멷까지]   [종뉴에]   [등에]
비스를 이용할 수 있습니다. 때밀이는 전신 코스가 20,000(이
만)원 정도 합니다.

찜질방에는 황토방, 소금방 등 여러 종류의 사우나가 있습
니다. 식사를 할 수 있으며 잠을 잘 수도 있습니다. 겨울에는
바닥이 온돌입니다. 찜질방에서는 찜질복을 입어야 합니다.
드라마에서도 자주 나옵니다만, 부부싸움을 하거나 가출해서
                                                [가추래서]
갈 데가 없으면 찜질방에 잘 갑니다.
[갈떼]

---

1 **찜질방**：チムジルとは、治療のために、薬湯の湿布や温泉水などを体の痛いところに
  あてることをさす。
2 **황토방**（黄土部屋）：黄土は体内の毒素を中和させるとともに、血行や新陳代謝を促
  進させる効果があると言われている。**소금방**（塩部屋）：解毒効果や免疫力増進の効
  果が大きいと言われている。
3 ドラマでは、タオルで「羊頭」を作ってかぶっている場面がよく登場するので、一般
  的な習慣のように思うかもしれないが、実際はごく部分的な光景だと言える。

文法の解説

13-1 하면 : ～といったら・いえば

한국 하면 제일 먼저 뭐가 떠올라요?

韓国といったら、真っ先に何が思い浮かびますか？

하면 : ～すれば

공부를 하면 (勉強をすれば), 먹으면 (食べれば), 가면 (行けば)・・・

13-2 있었습니다 > 있다 (ある) + 았/었습니다 (～しました)

13-3 업그레이드 된 > 업그레이드 되다 (アップグレードされる) + (은)

動詞の過去連体形 **2-8** を参照

13-4 (이)라고 할 수 있다 : ～ということができる・といえる

～という : (이)라고 하다   **2-2** を参照

～することができる : (을) 수 있다   **1-5** を参照

13-5 목욕만 할 수도 있고

> 목욕만 하다 (沐浴だけする) + (을) 수도 있다 (～することもできる)

→ 목욕만 할 수도 있다 + 고 (～するし)

13-6 이용할 수도 있다 : 이용하다 (利用する) + (을) 수도 있다 (～する

こともできる)   **1-5** を参照

13-7 식사를 할 수 있으며 > 식사를 하다 (食事をする) + (을) 수 있다

(～することもできる) → 식사를 할 수 있다 + (으)며 (～してさらに)

13-8 잠을 잘 수도 있습니다

> 잠을 자다 (眠りを眠る) + (을) 수도 있습니다 (～することもできます)

13-9 입어야 하다 : 입다 (着る) + 아/어야 하다 (～しなければならない)

13-10 하거나 > 하다 (する) + 거나 (～したり)

13-11 가출해서 > 가출하다 (家出する) + 아/어서 (～して)   **5-1** を参照

13-12 갈 데 > 가다 (行く) + (을) → 갈 + 데 (ところ)

未来連体形 **6-8** を参照

13-13 없으면 > 없다 (ない) + (으)면 (～ければ)

語　彙

문화	：文化	옛날	：昔	동네	：町
공중 목욕탕	：公衆沐浴湯 (銭湯)	추가	：追加	내다	：出す
몇 가지	：いくつかの種類	종류	：種類	탕	：お湯
때밀이	：垢すり	등	：等	전신	：全身
정도	：程度	여러	：いろいろな	잠을 자다	：眠りを眠る
겨울	：冬	바닥	：床	자주	：度々、しばしば
나오다	：出る・出てくる	부부싸움	：夫婦喧嘩		

> ❖ 発音の変化：종류 [종뉴] 語中の ㄹ は ㄴ に発音される。❖
>
> 前にパッチムがある語中の ㄹ は ㄴ に発音される。
>
> 　종류[종뉴]　음력[음녁]
>
> 前にパッチムがない語中の ㄹ はそのまま発音する。
>
> 　우리[우리]　노래[노래]

話し合いましょう　下のテーマから自由に選んでみよう。

● チムジルバンのイメージはどうですか？ 行ったことがありますか？

● チムジルバンに行ったら何をしたいですか？

● 日本と韓国の温泉について調べ、それぞれの特徴について話してみましょう。

14. キムジャン

김장

　昔は冬にはさまざまな野菜が栽培できなかったので、おおよそ3か月ぐらいある冬の間に食べるキムチを、大量につけなければなりませんでした。そこで11月頃にキムチを大量につける김장（キムジャン）をします。

　韓国人のキムチ消費量は想像以上に多く、3か月分となるとまさに想像を超える量といえます。しかも、種類も3〜4種類が基本ですのでなおさらです。キムジャンならではのキムチに동치미（トンチミ）というのがあります。大根を丸ごとつけて発酵させた水キムチです。すっきりした味で、食事の時のみならず、焼き芋などのおやつと一緒に食べたりします。

　このように大量につけたキムチは保管方法も大事です。昔は、カメに入れて土の中に埋めました。現代ではキムチ冷蔵庫に保管します。キムチ冷蔵庫は、普通の冷蔵庫と同じぐらいの大きさで保管能力の優れたものなので、各家庭では普通の冷蔵庫とキムチ冷蔵庫1台は保有しています。

キムジャン
김장

김장이 뭔지 아세요? ⁽¹⁴⁻¹⁾ 물론 김치를 담그는 것인데 ⁽¹⁴⁻³⁾ 겨울 내내
[겨울래내]

⁽¹⁴⁻⁴⁾ 먹을 김치를 한꺼번에 담그는 것을 김장이라고 합니다. 한국

에서는 집에 김치가 떨어지지 않도록 ⁽¹⁴⁻⁵⁾ 보통 한 달에 한 번 정
[안토록]

도 김치를 담급니다. 그리고 겨울이 되기 전에는 ⁽¹⁴⁻⁶⁾ 김장을 합

니다. 겨울 내내 먹어야 하기 때문에 아주 많이 담가야 하고,
[겨울래내] ⁽¹⁴⁻⁷⁾ ⁽¹⁴⁻⁸⁾[마니]

종류도 몇 가지 됩니다.
[종뉴] [멷까지]

김치를 아주 많이 담그기 때문에 할 일도 아주 많아서 혼자
⁽¹⁴⁻⁹⁾⁽¹⁴⁻¹⁰⁾[할릴] ⁽¹⁴⁻¹¹⁾[마나서]

서는 못 합니다. 친척이나 이웃들이 모여서 집집마다 돌아가
[모탐니다] ⁽¹⁴⁻¹²⁾[이운뜨리] [집쩜마다]

면서 같이 담급니다. 이러한 김장 문화가 2015년에 유네스코
⁽¹⁴⁻¹³⁾[가치] ⁽¹⁴⁻¹⁴⁾[이천시보녀네]

무형 문화 유산으로 등재되었습니다. 같은 해에 일본의 '와쇼
[무놔] [일보네]

쿠'도 등재되었습니다. 그런데 요즘은 맞벌이 부부가 많아서
[맏뻐리]

부모님들이 김장을 많이 해서 자식들에게 주기도 하고, 아예
⁽¹⁴⁻¹⁵⁾[자식뜨레게]

사서 먹기도 합니다.
⁽¹⁴⁻¹⁶⁾

文法の解説

14-1 뭔지 > 뭐(이)다 (何である) + （은）지 (〜なのか) → 뭔지　　`이省略`

무엇이다 (何である) + （은）지 (〜なのか) → 무엇인지

> **〜なのか：現在連体形 + 지**　`1-2 と 4-8 を参照`
>
> 가다 (行く) + 는지　　→ 가는지 (行くのか)
>
> **리에 씨가 일본에 언제 가는지 아세요?**
>
> 理恵さんが日本にいつ行くのかご存知ですか？
>
> 바쁘다 (忙しい) + （은）지 → 바쁜지 (忙しいのか)
>
> **민수는 일이 바쁜지 매일 늦게 들어와요.**
>
> ミンスは仕事が忙しいのか毎日遅く帰ります。

14-2 아세요 > 알다 (知る・わかる) + (으)시 → 아시다 (ご存じだ) + 아/어요? (〜しますか?)

　　　　`尊敬形`　`ㄹ脱落`

14-3 담그는 > 담그다 (漬ける) + 는　　`動詞の現在連体形 1-2 を参照`

14-4 먹을 > 먹다 (食べる) + （을）　　`未来連体形 6-8 を参照`

14-5 떨어지지 않도록 > 떨어지다 (切らす・無くなる) + 지 않다 (〜しない)

→ 떨어지지 않다 + 도록 (〜するように)

14-6 되기 전에는 > 되다 (なる) + 기 전에는 (〜する前には)

14-7 먹어야 하기 때문에 > 먹다 + 아/어야 하다 (〜しなければならない)

→ 먹어야 하다 + 기 때문에 (〜ので)

14-8 담가야 하고 > 담그다 (漬ける) + 아/어야 하다 (〜しなければならない)

→ 담가야 하다 + 고 (〜して)　　`담그の一が脱落`

14-9 담그기 대문에 > 담그다 (漬ける) + 기 때문에 (〜ので)

14-10 할 > 하다 (する) + （을）　　`未来連体形 6-8 を参照`

14-11 많아서 > 많다 (多い) + 아/어서 (〜ので)　`아/어の選び方は 3-1 を参照`

14-12 모여서 > 모이다 (集まる) + 아/어서 (〜して)

14-13 돌아가면서 > 돌아가다 (回っていく) + (으)면서 (〜しながら)

쉐어하우스에 살 때는 돌아가면서 주방 청소를 했어요.

シェアハウスに住んでいたときは交代でキッチンの掃除をしました。

14-14 이러한 > 이러하다 (こうだ) + （은）(〜して)　`形容詞の現在連体形 4-8 を参照`

14-15 **주기도 하고** > 주다 (あげる) ＋ 기도 하다 (〜したりもする)
　　　→ 주기도 하다 ＋ 고 (〜して)

14-16 **사서 먹기도 하다** : 사서 먹다 (買って食べる) ＋ 기도 하다 (〜したりもする)

語　彙

물론　　：もちろん	것　　：こと	겨울 내내：冬の間ずっと
한꺼번에：一度に	보통　：普通	한 달　　：一ヶ月
정도　　：程度	전　　：前	종류　　：種類
몇 가지：いくつかの	일　　：こと・仕事	혼자서는：一人では
친척　　：親戚	이웃　：隣近所	집집마다：家々
문화　　：文化	무형　：無形	유산　　：遺産
등재되다：登載 (登録) される	요즘　：最近	맞벌이　：共働き
부모님　：両親	자식　：子息 (子供)	아예　　：いっそのこと

❖ 떨어지다のさまざまな意味 ❖

(高いところから) 落ちる
　어렸을 때 나무에서 떨어진 적이 있어요． 子供のころ木から落ちたことがあります。

(試験などに) 落ちる
　1(일) 차는 붙었는데 면접에서 떨어졌어요． 1次は受かったのですが、面接で落ちました。

切らす (使い果たす)
　커피가 다 떨어졌어요． コーヒーが全部無くなりました。
　이번 달 용돈이 벌써 다 떨어졌어요． 今月のお小遣いがすでに全部無くなりました。

取れる (取り外される)
　단추가 떨어졌어요． ボタンが取れました。

話し合いましょう　下のテーマから自由に選んでみよう。

● キムチの種類を調べて話し合いましょう。今まで食べたキムチの種類はいくつありますか？
　その中で一番好きなキムチはありますか？

● キムチを作る工程は複雑ですが、知っている部分があれば話してみましょう。

● いつ頃からキムチに唐辛子が使われはじめたか調べてみましょう。

15. お正月

설날

　韓国のお節料理はなんといっても떡국（トック）です。お正月の挨拶として人と会ったとき、新年のあいさつとして「새해 복 많이 받으세요（セヘボクマニパドゥセヨ）：新しい年福をたくさん受けてください」の次に、「トッククを召し上がりましたか？」と言うほどです。

　このトッククですが、韓国人はトッククとともに歳をとると考える習慣があります。その理由として歳の取り方が挙げられます。韓国では誕生日に歳をとるのではなく、新年になれば皆1歳、歳をとります。満ではなく数え年で、生まれたときにすでに1歳です。つまり、誕生日になる前に1歳とることになるので、例えば同じ年に生まれた日本人と韓国人の年齢が、その数え方によっては2歳の差が生じる場合があります。

　なお、「歳をとる」の韓国語は直訳で「歳を食べる」と言います。トッククを食べることによって、歳も1歳とるということが何となく納得いくところでしょうか。

15

お正月
설날

🎧30 🎧31

한국에서는 추석이나 설날, 정월대보름과 같은 명절은¹ (15-1)
[설랄]

음력으로 지냅니다. 그래서 설날도 해마다 날짜가 바뀝니다.
[음녀그로]

대개는 2(이)월에 있습니다. 설날에는 세배를² 하고 떡국을 먹

습니다.

　　설날 아침에 한복으로 갈아입고 차례를³ 지냅니다. 그리
[차래]

고 웃어른께 세배를 하고 아이들은 세뱃돈을 받습니다. 세배 (15-2)
[우더른께]　　　　　　　　　　　　[세밷또늘]

하면서 "새해 복 많이 받으세요"라고 말합니다. 웃어른도 (15-3)
[봉마니]　　　　　　　　[마람니다]

덕담을⁴ 합니다.
[덕따믈]

　　설날 아침에 먹는 요리는 떡국입니다. 타원형으로 가늘게 (15-4)　　　　　　　　　　　　(15-5)　　(15-6)
[멍는뇨리는]　　　[떡꾸김니다]

썬 흰 떡을 소고기하고 같이 끓인 국입니다. 한국 사람들은 (15-7)(15-8)　　　　　　　　(15-9)
[가치] [끄린]

떡국을 먹으면 나이도 한 살 먹습니다. 다시 말해, 해가 바뀌면 (15-10)　　　　　　　　　　　　　　(15-11)

나이를 먹는다는 뜻입니다. (15-12)
[멍는다는] [뜨심니다]

　　설날 놀이로서 전통적으로 연날리기, 윷놀이⁵ 등을 즐깁니 (15-13)
[윤노리]

다. 특히 윷놀이는 현대에도 가족들이 모여서 많이 합니다. (15-14)

¹ **정월대보름**：小正月、旧暦の１月15日。
² **세배**（セベ）：お正月にするクンジョル（跪いて頭を床につける挨拶）。
³ **차례**（茶礼）：祭祀（供養）のこと。
⁴ **덕담**（徳談）：相手に良いことがあるように願ってかける言葉。
⁵ **윷놀이**（ユンノリ）：５本の細長い棒を投げて駒を進めるすごろく。

文法の解説

15-1 **과/와 같은**：〜のような

15-2 **웃어른께**：目上の人に 「〜（人）に」の尊敬形 **3-3** を参照

15-3 **세배하면서** > 세배하다 （セベをする） ＋ （으）면서 （〜しながら）

15-4 **먹는** > 먹다 ＋ 는 動詞の現在連体形 **1-2** を参照

15-5 **타원형으로** > 타원형 ＋ （으）로 （〜に （決定））

「決定」を表わす助詞 （으）로

태국 パッチム有 ＋ 으로 → 태국으로

　　다음 여행지는 태국으로 할까요?

　　　次回の旅行地はタイにしましょうか。

커피 パッチム無 ＋ 로 → 커피로

　　차는 커피로 준비했어요.　お茶はコーヒーを用意しました。

15-6 **가늘게** > 가늘다 （細い） ＋ 게 （〜く）

15-7 **썬** > 썰다 （切る） ＋ （은） 動詞の過去連体形 **2-8** を参照

　　　パッチムㄹは脱落

15-8 **흰** > 희다 （白い） ＋ （은） 形容詞の現代連体形 **4-8** を参照

15-9 **끓인** > 끓이다 （煮込む） ＋ （은） 動詞の過去連体形 **2-8** を参照

15-10 **먹으면** > 먹다 ＋ （으）면 （〜すれば）

15-11 **바뀌면** > 바뀌다 （変わる） ＋ （으）면 （〜すれば）

15-12 **먹는다는** > 먹다 ＋ 는다는 （〜するという） **2-4** を参照

15-13 **놀이로서** > 놀이 （遊び） ＋ （으）로서 （として）

〜として（資格）：（으）로서

의장 パッチム有 → 의장으로서 해야 할 일 （議長としてすべき仕事）

교사 パッチム無 → 교사로서의 책임 （教師としての責任）

15-14 **모여서** > 모이다 （集まる） ＋ 아/어서 （〜して）

명절	：名節	음력	：陰暦（旧暦）	지내다	：過ごす
해마다	：毎年	바뀌다	：変わる	대개	：大概
아침	：朝・朝食	한복	：韓服	갈아입다	：着替える
아이들	：子供たち	세뱃돈	：お年玉	다시 말해	：言い換えれば
해	：年	나이를 먹다	：歳をとる	전통적으로	：伝統的に
연날리기	：凧揚げ	즐기다	：楽しむ	특히	：特に
현대	：現代				

❖ 썰다は「切る」。「切る」はすべて썰다？ ❖

髪を切る：머리를 자르다
머리를 좀 자르고 싶어요.　髪をちょっと切りたいです。
（食材を）切る：썰다
무 좀 썰어 주세요.　大根をちょっと切ってください。
電話を切る：전화를 끊다
전화를 끊고 나서 할 말이 생각났어요.　電話を切ってから言うべきことを思い出しました。
手を切る：손을 베다
요리를 하다가 손을 베었어요.　料理をしていて指を切りました。
電気を切る：불을 끄다
마지막으로 나가는 사람은 불을 꺼 주세요.　最後に出る人は電気を切ってください。

話し合いましょう　下のテーマから自由に選んでみよう。

● 日韓のお節料理を比較してみましょう。

● お正月の過ごし方について日韓の共通点と相違点を探してみましょう。

● 日韓のお正月の挨拶の言葉の意味と使い方を比較してみましょう。

● トッククを食べたこと、または作ったことがありますか？

1. 春を知らせる花

　日本の春の花は何といっても桜の花です。春になると全国で花見をします。天気予報では、日本各地の桜の花が咲く時期を知らせてくれます。桜の花は、日本列島の春を飾ります。桜の花は韓国でも人気があります。春になると、桜のお祭りも行われます。ソウルのヨイド（汝矣島）、ハンガン公園、慶尚南道のチネ（鎮海）などが有名です。

　ところが、伝統的に韓国の春の花は、ケナリ、ツツジです。ケナリ、ツツジは 3 月に咲き、一ヶ月くらいあとに桜の花が咲きます。ケナリは黄色い花の木として町の中で容易く見ることができます。ツツジは主に山に咲きます。キム・ソウォル（金素月）詩人の「つつじの花」はとても有名です。「つつじの花」を知らない韓国人はいないでしょう。今やケナリ、ツツジとともに桜の花も韓国の春を代表する花になりました。

2. 五月病と月曜病

　日本では、5 月にゴールデンウィークが終わってから、「五月病」という症候群が現れます。なぜか体が重くて疲れて、意欲も起こりません。大学生たちもゴールデンの前と後がかなり違います。何かを新たに始めるという新鮮さがすでに失せてありません。

　韓国はどうでしょうか。五月病があるでしょうか。学期が 3 月に始まる韓国では、2 か月も経った 5 月にいまさら五月病はありません。しかし、月曜病という症候群があります。日本の五月病のように、体も重く、疲れて、意欲も起こりません。月曜病は日曜日の夕方から始まります。金曜日の午後からは気分が良く、幸せです。仕事と勉強から解放されるからです。土曜日まではその気分が続きますが、日曜日の夕方になると、気が重くちょっと憂鬱になります。

　1 年に 1 回訪れててくる五月病、毎週訪れてくる月曜病、どちらがより耐えやすいでしょうか。

3. 五月の記念日

　5月には記念日が多いです。5月5日は「こどもの日」で、5月8日は「両親の日」、そして「師匠の日」があって5月15日です。

　こどもの日には、子供たちにプレゼントをし、祝ってあげます。日本のこどもの日と似ています。両親の日には、両親にカーネーションとプレゼントをさしあげ、感謝の気持ちを伝えます。日本の母の日と父の日が韓国の両親の日と似ています。

　ところが、師匠の日は韓国固有の記念日です。韓国では伝統的に「師匠は両親と同格」という思想があります。それで先生にも感謝の気持ちを込めてカーネーションを差し上げ、中学高校では学生たちがサプライズイベントを行うこともあります。この3つの記念日にはそれぞれのオリジナルソングもあります。

4. 出前文化

　韓国人は出前をとって食べることを好みます。配達文化が発達しています。昔から多くの食堂がデリバリのサービスをしてきました。

　代表的な出前のメニューはジャージャー麺やちゃんぽんでした。映画やドラマでもジャージャー麺の出前をとって食べる場面が度々出てきます。最近は、チキンやピザをはじめ、のりまき、ラーメン、果てはアイスクリームに至るまで出前をとることがあります。

　出前をとる場所もさまざまです。家や職場のみならず、公園でも、ハンガン（漢江）公園のように広いところでも出前をとります。ソウル市は、ハンガン（漢江）公園での出前を最初は禁止しましたが、効果がほとんどありませんでした。今は、「配達ゾーン」が設けられています。スマートフォンで注文した料理を配達ゾーンで受け取って行きます。

　出前アプリも充実しています。出前を取るときに主にスマートフォンのアプリを利用します。そして、配達員は、昔と違ってその食堂の職員ではありません。配達を職業としている人です。

5. 七五三、韓国では？

　日本では七五三といって、三歳、五歳、七歳のときに子供たちの成長を祝ってあげます。韓国でも似ている慣習があります。生まれて100日目と1年目になる日を記念して祝ってあげます。

　100日目になる日を「ペギル」といい、1年目になる日を「トル」といいます。ペギルにもトルにも、料理は백설기（ペクソルギ）、수수경단（ススギョンダン）、인절미（インジョルミ）などのお餅を食べますが、特にトルの日には「トルジャビ」ということを行います。トルのお膳に筆、弓、お金、糸などを載せておき、子供に取らせて（その子の）未来を占う風習です。筆は学者、弓は武将、お金はお金持ち、糸は長寿を意味します。

　現代では、トルの宴会を家でやらないでホテルのようなところでやったりもし、トルのお膳も注文することができます。こどもはもちろん、両親も伝統衣装を着てパーティーをします。

6. 食事のマナー

　食事のマナーは非常に日常的な生活文化であるだけに、知っておくと良いです。韓国料理に汁物の類が多い点と、目上の人に対する礼儀に関する文化が食事マナーにもよく表れていると言えます。

　一般的に韓国の食卓には、ご飯茶碗の右隣にスープ茶碗が置かれます。スープの種類は、味噌汁、わかめスープ、大根スープなど様々ですが、スープ茶碗はご飯茶碗より大きいです。器は手に持たずに食卓に置いたままスプーンで食べます。

　目上の人と一緒に食事するときは、目上の人がスプーンを持つまで待ちます。もし、お酒を飲むようになれば特に気をつけなければなりません。お酒を注ぐときにも注がれるときにも両手で渡し、受け取ります。そして、お酒を飲むとき目上の人が前に座っていれば、顔を横に向けて飲みます。お酒は、注ぎ足しをしないで、盃を全部空けた後に新たに注ぎます。

7. 汁物の多い食文化

韓国料理は、汁物が多いからかスプーンが必ず必要です。スープやチゲのほかに湯「탕」（タン）の種類も多いです。

湯の料理としては、日本でも有名な参鶏湯をはじめコムタン、ソルロンタンなどがあり、「탕」は付かないけど、ユッケジャン、ヘジャンククックなども同じカテゴリーの料理です。これらの料理はおかずも少なく、キムチかカクテキくらいです。

コムタンは家庭でもたまに作ります。牛の骨と肉を長時間煮込みます。一度作っておくと何日か食べられるので、主婦・主夫家を数日空けるときはコムタンを作っておくことがあります。

わかめスープは普段もよく食べますが、特に、出産した後、そして誕生日に食べます。ただし、試験の前には食べません。滑る食感があるからです。

8. 夏場の保養食、参鶏湯

日本では、夏バテしないでよく乗り越えるためにウナギを食べますが、韓国では参鶏湯を食べます。もちろん、日本人がウナギを食べるのがそうであるように、参鶏湯も一年中食べますが、最も暑い時期に特によく食べる料理です。

参鶏湯は、若鶏一羽を丸ごと使う料理です。お腹の中をきれいに洗い、その中に高麗人参、ナツメ、ニンニクなどをもち米と一緒に詰め込み、長時間煮込ます。辛くないです。

参鶏湯は専門の食堂もあります。そして、量がちょっと多いので、一羽の半分だけを使う「半鶏湯」を売っている食堂もあります。

最近は、「タッカンマリ」も人気があります。参鶏湯と似ている料理ですが、高麗人参が入らないので、高麗人参の味が嫌いな人たちは参鶏湯よりタッカンマリのほうをより好みます。

9. 大衆交通

　大衆交通手段は日本と似ています。地下鉄、バス、タクシー、高速鉄道（KTX）などがあります。ただし、利用方法で日本の場合と異なる点があります。

　まず、タクシーはドアが自動ではないので、乗る人が開け閉めしなければなりません。バスは前から乗り後ろから降ります。乗るとき料金を支払います。そして、バスは運転が少々荒く速く走ります。地下鉄の場合は、開通の順番によって1号線、2号線、3号線などと名前がつけられます。

　韓国は交通費が比較的安いです。例えば、ソウルの市バスと地下鉄の場合、基本料金が1300ウォン程度です。10キロメートル以内が基本料金の距離です。

　タクシーの基本料金は地域によって差はありますが、大体3800ウォン程度です。空港リムジンも、大体10000ウォンあれば仁川空港から市内まで行けます。

10. 結婚式

　韓国の結婚式に行ったことがありますか。婚姻誓願式（挙式）自体は、日本の場合とさほど違わないのですが、そのほかの異なる点がたくさんあります。

　招待状を送ることは送りますが、必ずしも参列者数を把握するためのものではないので、返信を出しません。そして、招待されていない人でも参席し、食事をすることができます。服装も必ずしも正装をしなくてもいいです。祝儀金も普通の白い封筒に入れて受付で渡し、銀行口座へ送金する場合もあります。引き出物の習慣もありません。

　なお、ドラマでもたまに見ることができますが、結婚式の中で新郎が新婦の両親にクンジョル（大きいお辞儀）をすることもいまや慣例になりました。

11. 秋夕

　秋夕は旧暦の8月15日です。先祖に祭祀を行い、おいしい料理を食べながら楽しむ日です。お正月とともに大きな名節です。

　朝起きたら、韓服に着替えて、祭祀を行います。お墓参りもします。秋夕の代表的な料理はソンピョン（松ピョン）です。お餅の種類でおやつです。秋夕の前に家族が集まってソンピョンをつくることもあります。

　遊びとしては、カンガンスルレという伝統的な遊びが有名です。秋夕の日の夜に未婚の女性たちが集まって満月の下で歌も歌い、踊りも踊ります。最近は、特に都会ではほとんど見られない遊びです。

　秋夕は旧暦で過ごすので、毎年日にちが変わります。秋夕を前後して3日間連休になります。故宮（昔の宮殿）や遊園地、高速道路の料金が無料になったりします。

12. 兵役の義務

　韓国の成人男性は軍隊に行かなければなりません。約2年間の兵役の義務があります。普通は、19歳から30歳の間に行かなければなりません。大学生たちは2年生を終えて行く場合が多いです。

　ところが、身体検査をして現役に適合しないという結果が出たら、区役所や郵便局のような公共機関で勤務することになります。

　現役を行うことになれば、訓練期間を経て、それぞれの軍隊に所属されます。普通は陸軍に所属されます。所属部隊を選択することはできません。決められたところに行かなければなりません。除隊するまで何回か休暇を取り帰ってきますが、期間は一回の休暇につき10日以上もらいます。

　軍隊は、一般社会とちがって厳格なところですが、最近は、勤務時間後にはスマートフォンやインターネットをすることも可能です。

13. お風呂の文化

　韓国のお風呂文化といえば、チムジルバンが有名です。昔から町には公衆沐浴湯（銭湯）がありました。その銭湯のアップグレードしたのがチムジルバンといえます。お風呂だけ利用することもできれば、追加料金を払ってチムジルバンを利用することもできます。

　お風呂は、何種類かのお湯があり、アカスリやマッサージのサービスを利用できます。アカスリは、全身コースで 20,000 ウォン程度です。

　チムジルバンでは、黄土部屋、塩部屋などの様々なサウナがあります。食事をすることができ、寝ることもできます。冬は床がオンドル（床暖房）です。チムジルバンではチムジル服（専用の服）を着なければなりません。ドラマでも度々登場しますが、夫婦喧嘩をしたときや家出して行くところがないとき、よくチムジルバンに行きます。

14. キムジャン

　キムジャンが何なのかお分かりですか？　もちろん、キムチをつけることですが、冬の間ずっと食べるキムチを一度につけることをキムジャンといいます。韓国では家にキムチを切らさないように、普通月に 1 回ぐらいキムチをつけます。そして冬になる前にキムジャンをします。冬の間ずっと食べなければならないので、大量につけなければならなく、種類もいくつかになります。

　キムチを大量につけるのでやることも非常に多くて、一人ではできません。親戚や近所の人たちが集まって各家を回って一緒につけます。このようなキムジャン文化が 2015 年にユネスコ無形文化遺産として登録されました。同じ年に、日本の「和食」も登録されました。ところで、最近は共働き夫婦が多いので、親がキムジャンを余分につけて、子供たちにあげることもあれば、いっそのこと買って食べたりもします。

15. お正月

　韓国では、秋夕やお正月、小正月などの名節は旧暦で過ごします。なので、お正月も毎年日にちが変わります。大概2月にあります。お正月の日にはセベをしてトッククを食べます。

　お正月の朝に韓服に着替えて茶礼（祭祀）を行います。そして、目上の人にセベをし、子供たちはお年玉をもらいます。セベをしながら「セヘボクマニパドゥセヨ：新しい年福をたくさん受けてください」と言います。目上の人も徳談をします。

　お正月の朝食に食べる料理はトッククです。楕円形に薄く切った白い餅を牛肉とともに煮込んだ汁です。韓国の人々はトッククを食べると年も一歳とります。つまり、年が変われば歳をとるという意味です。

　お正月の遊びとして、伝統的に凧揚げ、ユンノリなどを楽しみます。特に、ユンノリは現代でも家族が集まってよくやります。

文法索引

読みたい韓国語〜初級から中級へ〜

| 検印廃止 | ©2021 年 1 月 30 日　初版発行 |
| 著　者 | 金 美仙 |

発行者　　　　　　　原　　雅久
発行所　　　　　株式会社 朝日出版社
101-0065 東京都千代田区西神田 3 - 3 - 5
電話(03)3239-0271・72(直通)
振替口座　東京　00140-2-46008
http://www.asahipress.com/
萩原印刷／錦明印刷

乱丁．落丁本はお取り替えいたします
ISBN978-4-255-55675-8 C1087

●韓国語の活用形の体系●

			-고, -지만, -는…	-(으)면, -(으)니, -(을), -(을)까?	-아/어-, -아/어서, -아/어도, -아/어ㅆ-
規則	가다	行く	가고	가면	가요
	먹다	食べる	먹고	먹으면	먹어요
ㄹ☆	알다	知る・わかる	①S(ㅅ). P(ㅂ). N(ㄴ). (L=パッチムのㄹ) で始まる語尾を付ける際、語幹のㄹが脱落する。	②語幹のㄹが脱落しない場合も으要らない。	
으	쓰다	書く・苦い			쓰→ㅆ⇒써요
르	모르다	知らない			모르→몰ㄹ⇒몰라요
러	이르다	着く			이르→이르ㄹ⇒이르러요
ㄷ	걷다	歩く		걷→걸⇒걸으면	걷→걸⇒걸어요
ㅂ	굽다	焼く		굽→구우⇒구우면	굽→구우⇒구워요
ㅂ	돕다	手伝う		돕→도우⇒도우면	돕→도오⇒도와요
ㅂ	뵙다	お目にかかる		뵙→뵈오면(ㅂ脱落)	뵙→뵈오⇒뵈어요=봬요
ㅅ	낫다	治る・ましだ		낫→나⇒나으면	낫→나⇒나아요
ㅎ	그렇다	そうだ		그렇→그러⇒그러면	그렇→그러⇒그래요
어	그러다	そうする			그러다⇒그래요
우	푸다	すくい取る			푸→ㅍ⇒퍼요